수필의 모든 것

현 대 수 필 가 1 0 0 인 선 · 55

수필의 모든 것

황필호 수필선

좋은수필사

수필은 누구나 부담 없이 읽고, 마음만 먹으면 직접 쓸 수도 있는 가장 친근한 문학이다. 다른 영역의 문학이 영상매체에 밀려 신음하고 있는 중에도 수필 인구만은 날로 증가하여 바야흐로 수필 전성시대를 구가하고 있는 이유도 거기에 있을 것이다.

시대적 추세에 힘입어 수많은 수필전문지, 수필동인지가 창간되고, 이에 비례하여 신진 수필가도 날로 늘어나다 보니 이제는 그 많은 작가, 그 많은 작품 중에서 문학성 높은 작품을 가려 읽는 일이 쉽지 않게 되었다. 이런 현상은 작가에게나 독자에게나 결코 바람직한 일이 아니다. 더 나아가서는 수필을 연구하는 후세들에게도 큰 부담이 될 것이다.

이런 문제를 해결하는 데는 출판인도 마땅히 한몫을 감당해야 한다는 평소의 소신에 따라, 본사가 기꺼이 그 역할을 맡기로 했다. 그 첫 번째 사업으로 시대를 대표할 만한 수필가 100인을 선정하고, 작가가 자선한 40편 내외의 작품을 수록한 문고본을 발간하여 이를 널리 보급함으로써 그 소임을 다하고자 한다.

본사는 사명감을 가지고 이 사업을 추진해 나가기로 했다. 작가 선정을 전담할 편집위원회를 구성하고 전권을 위임하여 일체의 사적인 정실이나 청탁을 배제함으로써 전문성과 공정성을 확보해 나갈 것이다.

따라서 이 기획물 속에는 작가의 문학정신뿐만 아니라, 본사의 문학사적 기여 의지와 편집위원 제위의 수필문학에 대한 애정과 문인으로서의 양심이 함께 담겨 있음을 자부한다. 다만, 작가를 선정하는 기준에는 많은 견해의 차이가 있을 수 있고, 선정 과정에서도 미처 챙기지 못한 부분이 있을 것이라는 사실만은 인정하지 않을 수 없다. 이 점에 대해서는 관계자 여러분의 양해 있으시기 바란다.

이 시리즈의 발간 순서는 작가, 또는 본사의 사정에 의한 것일 뿐 그 밖의 어떤 기준도 적용하지 않았음을 밝힌다.

본 기획물이 시대를 초월한 많은 수필 애호가들의 관심과 애정 속에 우리나라 수필문학 발전에 한 이정표가 되기를 바랄 뿐이다.

2011년 4월

좋은수필 발행인 서 정 환

현대수필가 100인선 간행 편집위원 박 재 식 최 병 호

정 진 권 강 호 형

변 해 명

Ⅰ. 여성수필

Ⅱ. 사회수필

Ⅲ. 철학수필

Ⅳ. 유머수필

V. 행사수필

Ⅵ. 여행수필

여성수필

① 모든 사랑은 첫사랑이다

② 꽃과 별의 만남

③ 수필과 페미니즘 : 〈남자 수의를 입고 떠난 당신에게〉를 읽고

④ 정력과 미용

Ⅰ. 여성수필

① 모든 사랑은 첫사랑이다

우리는 일반적으로 첫 번째를 중요시하는 경향이 있다. 사람은 첫인상이 중요하고, 첫 술잔은 비상이라도 마셔야 되며, 첫사랑의 상처는 평생 잊지 못한다고 말한다. 그리하여 우리는 첫 번째의 시작을 이미 절반이라고까지 말한다.

그러나 첫사랑은 이루어지는 것보다는 실패하는 것이 오히려 좋다는 말도 있다. 그렇다면 첫사랑의 쓴 잔을 평생 동안 마시고 사는 것이 좋다는 말인가? 그것도 아니라면, 첫사랑보다는 두 번째나 세 번째 사랑이 더욱 중요하다는 말인가?

첫사랑이란 대개의 경우 자신도 모르게 열병같이 몰려오게 마련이다. 그리하여 본인 자신도 사랑을 느끼지 못했다가, 그

일이 지난 미래에 와서야 그것이 일종의 사랑이었다는 것을 깨닫게 된다. 그러므로 대부분의 첫사랑은 '의식적인 사랑'이 아니며, 의식이 없는 지향성이 모두 맹목적인 감정이라면 첫사랑은 사랑이라고 말할 수도 없을 것이다.

또한 실제로 첫사랑이 성취되어 결혼까지 골인했다고 하자. 그야말로 아무 것도 모르고 오직 한 사람만을 알면서 평생을 지내야 된다는 뜻이다. 그리고 결혼 이후에도 제2, 제3의 사람이 나타나지 말라는 보장은 없지 않은가?

그리하여 후자의 경우에 첫사랑은 차라리 깨어지는 것이 좋고, 그 상처를 디디고 일어선 제2의 사랑을 의식적으로 선택해야 된다는 뜻일 게다. 그러나 이러한 주장을 좀 더 확대하면 첫사랑은 사랑이 아니고 사랑이란 회를 거듭할수록 더욱 농도 짙은 사랑을 경험할 수 있다는 주장까지도 가능할 것이다. 그리고 이런 경우에 사랑은 마치 훈장과 같아서 많으면 많을수록 좋을 것이다.

그러나 사랑에 관한 한 몇 번째냐는 것은 아무런 가치가 없다. 첫사랑만이 진정한 사랑이라는 맹목적인 신앙을 가진 사람은 삶의 다양성과 풍요성을 모르는 사람이다. 오죽하면 첫사랑은 실패하는 것이 좋다는 말까지 있겠는가. 반대로 첫 번째보다는 두 번째가 진짜이며, 두 번째보다는 세 번째가 맛이 있다는 주장도 옳지 않다. 그것은 사랑을 마치 기계적인 수학적 개념으로 착각하는 것이다.

그러므로 사랑에 대한 진정한 태도는 사랑에 대한 유치한 맹목적 집착과 첫사랑이란 쓰레기에 불과하다는 감정을 동시에 초월한 태도다. 그리하여 모든 사랑이 첫사랑이라는—다시 말해서, 모든 사랑이 첫사랑의 달콤함과 떨림을 동반한다는—마음가짐이다.

철학자 칸트는 범죄자를 처벌하는 기준에 있어서 한 가지 반드시 적용해야 되는 법칙을 말한다. 그것은 범죄자가 아무리 여러 번째의 범죄를 저질렀더라도 항상 초범으로 간주해야 된다는 법칙이다. 그의 범죄 동기를 사회에 돌리거나 지난번의 범죄의 습성으로 돌리지 말고, 그 사람 자신의 자유의지에 의하여 저질러진 최초의 행위라고 규정해야 된다는 것이다. 그리고 이러한 태도가 곧 인간의 자율성을 인정하는 태도라고 말한다.

사랑은 지향적인 행위(an intentional activity)다. 그러므로 진정한 사랑은 '나도 모르게' 휩싸인 고조된 감정이 아니라, 에리히 프롬이 말하는 '사랑의 기술'을 익힌 의식적인 행위다. 그러므로 모든 사랑은 언제나 최초적이다. 일상적인 습관, 사회의 보이지 않는 압력, 부모님의 강권, 쾌락주의적인 관성에 의한 것이 아닌 전정한 사랑은 언제나 그 사람의 육체와 정신 전체를 투자하는 것이기 때문이다. 그러므로 재혼을 하는 사람도 첫사랑이고, 기혼남녀의 사랑도 첫사랑이다. "이것이 나의 첫사랑이다."라는 감정이 없는 사람은 이미 순수한 사람이 아니다. 그러므로 첫사랑이 아닌 사랑은 모두 의심의 여지가 있는 사랑이다.

모든 사랑은 첫사랑이다.

② 꽃과 별의 만남

모든 꽃은 아름답다. 호박꽃도 아름답다. 사랑도 아름답다. 첫사랑뿐만 아니라 짝사랑도 아름답다. 그러나 모든 꽃은 곧 시들게 마련이다. 화무십일홍花無十日紅이다.

사랑도 곧 사라지게 마련이다. 사랑하다가 헤어지기도 하고 죽음 때문에 헤어지기도 한다.

모든 꽃은 땅 위에 핀다. 공중에 매달린 꽃은 진짜 꽃이 아니다. 사랑도 지상地上에서 일어난다. 영원한 사랑은 이상일 뿐이다. 그리하여 어느 시인은 "백년을 가는 사람 목숨이 어디 있으며, 50년을 가는 사람 사랑이 어디 있으랴?"고 노래한다.

별은 하늘에서 빛난다. 맑게 개인 날 밤에는 언제나 빛난다. 별은 땅에 있지 않고 천공에 달려 있다.

철학은 빛나는 별이다. 지상의 현실보다는 하늘의 이상을 비춰 주는 밤하늘의 별이다. 마음의 검은 구름이 없는 사람은 언제나 바라 볼 수 있는 별이다.

그러나 지상의 꽃과 밤하늘의 별은 고요한 밤에 은밀한 언어를 속삭인다. 별을 보지 못하는 꽃과 꽃의 향기를 외면하는 별은 외로울 뿐이다.

이와 마찬가지로, 사랑과 철학은 서로 만나야 한다. 철학 없는 사랑은 곧 사라지게 마련이고, 사랑 없는 철학은 지적인 자위 행위가 될 뿐이다.

③ 수필과 페미니즘 : 〈남자 수의를 입고 떠난 당신에게〉를 읽고

오늘날에 와서는 종래의 정치 · 경제 · 문화 · 철학 · 종교 · 과학뿐만 아니라 여성 차별이 중요한 사회적 문제로 떠오르게 되었고, 그리하여 요즘에는 문학의 모든 장르가 여성의 문제를 심각하게 다루고 있는 실정이다. 그럼에도 우리나라 수필계에는 아직도 사회수필이 별로 많지 않으며, 사회수필 중에서 중요한 한 분야라고 할 수 있는 페미니즘 수필을 쓰는 사람은—필자를 포함한 몇 명을 제외하고는—거의 찾아볼 수 없으며, 이런 작업에 앞장서야 할 여성 수필가들조차 외면하고 있는 실정이다.

물론 현재 우리나라에서 발표되는 대부분 여성 수필가들의 작품은 언제나 여성의 문제를 다루고 있다. 그러나 그것은 '여성적'인 시각일 수는 있지만 '여성주의적'(혹은 '페미니즘적')인 시각은 아니다. 후자는 지금까지의 인류 역사와 현재 우리가 살고 있는 사회가 가부장적이며, 이런 사회는 평등의 법칙이 아니라 강자의 법칙(rule of the strong)이 지배하는 반인간적인 사회며, 그러므로 이런 체제는 변화되어야 한다는 현식적인 개혁 의지에서 출발한 것이며, 이 전제를 받아들이지 않는 사람은 여성학을 공부할 필요도 없고 또한 공부할 가치도 없다.

〈페미니즘〉은 각기 상반되는 듯한 다음의 세 명제를 동시에 받아들이는 입장이다.

> 첫째, 여성의 적은 남성이다.
> 둘째, 여성의 적은 여성이다.
> 셋째, 여성의 적은 사회다.

나는 이정림의 두 번째 수필집인 ≪산이 보이는 창≫을 평한 글에서 그가 우리나라 수필계에 기여한 가장 훌륭한 요소 중의 하나로 사회수필의 가능성을 제시하고 있다는 '사실'이라고 말하고, 그녀의 이런 사회수필들이 "한쪽으로 치우친 우리나라 수필계의 고질병(?)을 치유하는 데 큰 도움이 되기를 바란다."는 희망을 피력했다. 그러면서도 그의 사회수필에 대한 구체적인 분석을 지면 관계로 생략했다. 이제 나는 비록 단편적으로 끝나겠지만 바로 그 작업을 한 번 시도해 보겠다.

첫째, 전부 그런 것은 아니지만, 작가의 대부분 사회수필은 나이브한 이원론적 구별에 근거하고 있다. 그리하여 '마치 쌍

둥이와 같은 젊은이'들이 시위대와 시위를 진압하는 입장에서 대립하는 광경을 잘 묘사한 〈문안에 있는 자와 문 밖에 있는 자〉에서는 안과 밖, 평범한 시민의 권리를 주장한 〈높은 사람, 낮은 사람〉에서는 관리와 서민, 광주 혁명을 묘사한 〈그해 5월〉에서는 도시 안의 사람들과 도시 밖의 사람들, 그리고 장애인의 문제를 묘사한 〈천사와 낙엽〉에서는 육체보다 정신에 장애를 가지고 있는 사람들과 육체보다는 오히려 정신이 건강한 사람들의 이원론적인 대비가 나온다.

이런 이원론적인 해석은 현실을 명쾌하게 설명하는 듯이 보인다. 특히 오늘날과 같이 흑백논리가 판을 치는 현실에서는. 그러나 그것은 단지 기능적인 방법론적 표현일 뿐이다. 실제로 우리가 사는 현실은 이원론의 테두리를 벗어나 있으며, 얽히고 설킨 실타래와도 같은 현실을 사회수필가는 너무 쉽게 접근하지 말아야 한다.

둘째, 작가의 대부분 사회수필들은 '사회적'이라기보다는 너무 '개인적'이다. 그리하여 작가는 〈나를 버린 사랑〉에서도 부하들을 위해 영웅적인 죽음을 택한 사령관을 얘기하다가 갑자기 '홀어머니들의 눈물겨운 자식 뒷바라지'의 얘기로 끝을 맺으며, 6 · 25의 비극이라는 동일한 주제와 동일한 소재를 반복해서 사용한 〈그 뜨겁던 6월〉과 〈6월과 복숭아〉도 다분히 개인적인 감상으로 일관되어 있으며, 문안에 있는 아이와 문 밖에 있는 아이는 현실에서 만나지 못하고 오직 꿈 속에서 만날 뿐이다.

> 밖의 아이는 꿈 속에서 안의 아이와 손을 잡는다. 둘은 서로의 손이 똑같이 따습다는 것에 놀란다. 그리고 그들은 얼싸안으며 함께 울기도 한다. 꿈 속에서만 안아 보는 우정이 서럽고, 그들이 똑같이 젊다는 것이 슬프며, 그들 사이를 가로막고 있는 문이 존재함을 서러워한다.

셋째, 우리나라의 사회수필들은 지적이면서도 다분히 정적이다. 아마도 윤모촌이 "수필에서는 남성과 여성의 세계가 덜 갈린다. 그런 한계를 벗어나기란 쉽지 않다."고 말하면서 이정림도 "지적 논리가 장점인 저자이지만 그도 그런 일면을 감추지 못한다."고 평한 이유도 여기에 있을 것이다. 하여간 냉혹한 사회에 대한 감상적인 접근은 오히려 반사회적일 수 있다.

그렇다고 해서, 모든 사회수필이 반드시 확실한 슬로건을 내걸어야 된다는 뜻은 아니다. '사회'가 없는 수필이 사회수필이 아니듯이, '수필'이 없는 사회는 구호에 지나지 않기 때문이다. 진정한 사회수필은 서정성에 바탕을 둔 사회성이 암시적으로 표현되는 글이다.

이정림의 사회수필이 전부 이분법적이고 개인적이고 정적이지는 않다. 예를 들어서 작가는 〈어느 아이를 위한 조사 : 박종철 군을 추념하며〉라는 글에서 "얘야, 저승에 가거들랑 부디 사람으로 환생하지 말고, 한 마리 날짐승으로 태어나거라. 네 못다한 꿈 이루려고 굳이 사람으로 태어나고 싶으면, 아프리카의 어느 오지에서 벌거벗고 사는 미개인으로 태어날지언정, 사람이 사람을 유린하는 그런 야만의 땅에서 태어나지 말아라."
고 감상적으로 묘사하면서도, 바로 그 다음에 자신의 이런 감상을 정면으로 부정하는 굳은 의지를 역력히 드러낸다.

> 그러나 네가 사랑한 이 땅이 더 이상 그런 추악한 것으로 얼룩지지 않도록 애야, 너는 네 기도를 멈추어서는 안 된다. 그리하여 너는 다시 이 땅에 태어나 이 나라를 위해 몸바쳐 일할 수 있는 자랑스런 젊은이가 되어야 한다……. 네 죽음이 증언하는 이 소리없는 절규도, 언젠가는 밝혀지고 진실로서 드러내어질 것이다.

그러나 작가의 이런 개인적인 감상은 '사람을 어머니로 태어난 인간들의 사회에서 일어날 수 있으리라 상상'조차 하기 어려운 성폭행의 문제를 정면으로 다룬 〈남자 수의를 입고 떠난 당신〉에서 어느 정도 극복된 듯이 보인다. '고독이 무엇인지조차 모르면서 고독을 사랑하는 나이'인 대학교 2학년 때 성폭행을 당해 보름 만에 자살을 기도하고, 그 후에는 실어증과 대인기피증에 시달리면서 '그 악몽과 함께 영원히 깨어나고 싶지 않아 또다시 자실을 기도'하고, 10년 후에 드디어 자살에

성공(?)한 여성, 그리하여 그녀의 가족은 '시신에 남자 수의를 입히면서, 여자였기 때문에 겪었던 성폭력에서 벗어나 다시 태어날 땐 남자로 태어나기를 발원'할 수밖에 없었던 여성의 일대기를 담담하게 묘사한 작품이다. 여기서 작가는 자살의 미화라는 단순한 감상에서 벗어난 작가의 굳은 의지로 끝을 맺는다.

> 가족이 그렇게 발원했지만, 그러나 당신은 내세에 남자로 태어나지 말고 다시 여성으로 태어나시길 빕니다. 그리하여 여인만이 가질 수 있는 모든 행복을 마음껏 누리시기 바랍니다. 그러다가 당신이 마지막 갈 때에는, 원삼에 녹의홍상의 아름다운 여인의 모습으로 떠나시길 진심으로 축원합니다.

여기서 작가는 종래의 개인주의적 감상으로부터 한 걸음 벗어난 것으로 보이며, 그것이 바로 이 글을 진정한 사회수필, 진정한 페미니즘 수필로 만든다.

④ 정력과 미용

아무리 기세가 등등한 중년 남성이라도 단 한 마디로 기를 꺾는 방법이 있다. 그것은 바로 '정력에 좋다'는 말이다. 남의 말은 듣지도 않고 고래고래 자신의 높은 목소리만 내지르던 남성도 그냥 이 말에는 기가 죽는다.

여성의 콧대를 꺾는 가장 좋은 방법은 '미용에 좋다'는 말이다. 피부가 좋아지고 살이 빠지고, 미인이 된다는 비법이라면 일단 모든 여성은 귀를 바싹 기울이게 된다.

한국 남성들이 정력에 사족을 쓰지 못한다는 사실은 한때 타일랜드에서는 아무도 먹지 않는 독사의 쓸개를 대량으로 수입하여 정부가 규제까지 하지 않을 수 없었던 '쓸개빠진 해프닝'에 잘 나타나 있다.

타일랜드는 과거 7백 년 동안 외세에 짓밟히지 않고 독립을 유지하고 있으며, 국왕은 불교를 신봉하도록 헌법에 명시되어 있을 정도로 경건한 종교 국가다. 그러나 오늘날 타일랜드는 아시아 국가 중에서도 가장 낙후된 나라로 존재하고 있는데, 이것은 그들이 일상생활에서 가장 많이 사용하는 '마이펜라이'라는 표현에 잘 나타나 있다. 이 말은 대략 '걱정하지 말라'거나 '괜찮다'는 뜻이다.

첫째, 호랑이와 독사는 정글의 상징이었다. 그러나 타일랜드의 관광객들은 에메랄드 사원이라고 불리는 오트프라케(Wat Phrakco) 정문 옆에서 독사를 쉽게 볼 수 있다. 그것도 독을 빼서 관광객의 목에 걸어주는 맥빠진 독사다. 하여간 한국 남성들의 정력보강 밝힘증은 결국 그들을 이런 독빠진 독사의 신세로 만들었다. 그 이외의 모든 것은 이것을 위한 보조 수단일 뿐이다. "아침에 일어나지 않는 놈에게는 돈을 꾸어주지 말라."고 말하는 이유도 여기에 있다.

둘째, 불행히도 한국의 여성은 남성의 이런 왜곡된 편견을 그대로 수용하고 있다. 그리하여 미용이라면 생명까지 바칠 수 있으며, 여기서 말하는 미용은 한 마디로 성적인 매력이다.

셋째, 그러므로 여성들이 속모양보다는 겉모양, 인격보다는 화장, 교양보다는 패션, 지성보다는 감성을 더욱 중요하게 여기게 만든 주범主犯은 단연 남성이 아닐 수 없다. 모든 남성들이 하나같이 머리가 깡통일망정 두 다리가 쭉 뻗은 여성만 쫓아다니는 현실에서 여성이 어떻게 교양과 지성만을 찾는 독야청청獨也靑靑의 삶을 영위할 수 있겠는가.

II 사회수필

① 사회수필의 필요성 : 〈조와〉를 읽고

② 제2의 지존파를 없애려면

③ 〈증오와 분노〉를 읽고

④ 삶의 무의미성과 끝없는 절망
—나의 유학 시절

Ⅱ. 사회수필

① 사회수필의 필요성 : 〈조와〉를 읽고

인간은 사회적이면서 개인적이고, 정치적이면서 종교적이고, 과학적이면서 심리적인 존재다. 그러므로 엄연한 문학의 한 장르인 수필도 이 모든 측면을 묘사하려고 노력해야 한다. 비록 그 노력이 결국에는 소경이 코끼리를 만지는 식으로 끝나는 한이 있어도. 이제 우리 수필인들은 어차피 한 분야에 전념하면서도 가능한 한 인간 · 삶 · 생활을 전체적으로 조망하려고 노력해야 하며, 이런 총체적인 접근을 위해서는 각기 다른 측면에서 접근하는 여러 갈래의 시도가 필요하다.

물론 요즘 수필지를 보면 으레 '생활수필'이란 난이 따로 있다. 그러나 그것은 대개 아직 정식으로 등단하지 않은 사람들의 글을 말한다. 엄밀히 말해서 생활과 관련이 없는 수필이란 존재할 수 없다. 그러므로 생활수필이란 어휘 자체가 공허한 것이다. 비트겐슈타인의 말을 빌릴 필요도 없이, 우리가 A를 주장하는 것은 그것과 반대되는 것(A가 아닌 것)을 상상할 수 있을 때만 가능한 것이며, 생활수필에 반대되는 '비 생활수필'이나 '반 생활수필'이란 상상조차 할 수 없다. 아마도 요즘 사용되는 생활수필이란 표현은 '개인수필'이라고 표현해야 할 것이며, 여기서 말하는 개인수필은 사회수필과 반대되는 것이 되겠다.

이렇게 보면, 결국 우리나라에는 음풍영월 · 개인적인 신변소사 · 단순한 감상 등으로 구성된 개인수필은 있어도 진정한 의미의 사회수필은 거의 찾아볼 수 없다고 말할 수 있다. 신문이나 잡지에 칼럼을 기고하는 소수의 사람들을 제외하고, 물론 개인수필과 사회수필의 엄밀한 구별은 존재할 수 없으며, 또 존재하지 않는 것이 바람직하기도 하다. 지극히 개인적인 감동으로 사회적인 문제를 날카롭게 지적하는 수필이 가장 이상적이다. 그럼에도 내가 여기서 구태여 이 부분을 주장하는 이유는 우리나리의 수필들이 무거운 수필은 제쳐놓고 가벼운 수필 쪽으로만 양산되고 있듯이, 개인수필은 많아도 사회수필이 너무 적기 때문이다.

사회수필의 주제로는 여러 가지가 있겠다. 여기서 말하는 '사회'는 현실 속에 나타난 정치, 경제, 문화, 철학, 종교, 과학을 전부 포함하고 있기 때문이다. 그러나 어느 분야에 관한 것이든간에 모든 사회수필은 당시 사회 환경의 직접적인 영향을 받는다. 예를 들어서 전체주의적인 사회의 일원으로 살면서 그 전체주의를 비판, 반대, 희롱하려면 엄청난 용기가 필요할 것이다. 칼 만하임이 말했듯이, 모든 인간은 존재 구속성을 갖는다.

나는 이런 수필의 전형적인 대표작 중의 하나로 김교신(金敎臣, 1901~1945)의 〈조와弔蛙〉를 들겠다. 원고지 3매밖에 안 되는 전문은 다음과 같다.

> 작년 늦가을 이래로 새로운 기도터가 생겼다. 층암層岩이 병풍처럼 둘러싸고 가느다란 폭포 밑에 작은 담潭이 형성된 곳에 반석 하나가 담 속에 솟아나서 한 사람이 꿇어앉아서 기도하기에 천성天成의 성전聖殿이다.
>
> 이 반석에서, 혹은 가늘게 혹은 크게 기구祈求하며 또한 찬송하고 보면, 전후좌우로 기어오는 것은 담 속에서 암색岩色에 적응하여 보호색을 이룬 개구리들이다. 산중에서 대변사나 생겼다는 표정으로 신래新來의 객客에 접근하는 친구 와蛙 군들, 때로는 5~6마리, 때로는 7~8마리.
>
> 늦은 가을도 지나서 담상에 엷은 얼음이 붙기 시작함에 따라서 와蛙 군들의 기동이 일부일日復日 완만하여지다가, 나중에 두꺼운 얼음이 투명을 가리운 후로는 기도와 찬송

의 음파가 저들의 이막耳膜에 닿는지 알 길이 없었다. 이렇게 격조隔阻하기 무릇 수개월이여!

봄비 쏟아지던 날 새벽, 이 바위 틈의 빙괴氷塊도 드디어 풀리는 날이 왔다. 오래간만에 친구 와蛙 군들의 안부를 살피고자 담속을 구부려 찾았더니 오호라, 개구리의 시체 두 세 마리가 담 꼬리에 부유浮游하고 있지 않은가!

짐작컨대 지난 겨울의 비상한 혹한에 작은 담수潭水의 밑바닥까지 얼어서 이 참사가 생긴 모양이다. 예년에는 얼지 않았던 데까지 얼어붙은 까닭인 듯. 동사凍死한 개구리 시체를 모아 매장하여 주고 보니 담저潭底에 두어 마리 기어다닌다. 아, 전멸은 면했나 보다!

김교신은 이 글에서 풍부한 은유를 구사한다. 우선 독실한 기독교인인 그가 기도하던 반석은 '만세반석 열리니……'라는 찬송가를 연상케 하며, 또 그 반석을 하느님이 주신 성전으로 표현한 '천성의 성전'이라는 표현에는 '성'이라는 발음의 유사성까지 읊조린다.

그러나 김교신의 가장 탁월한 점은 이른바 '보호색'으로밖에 살 수 없는 개구리들을 대동아 전쟁에 시달리는 우리 민족의 모습으로 묘사했다는 점이다. '기동이 일부인 완만'해지는 개구리들, '기도와 찬송의 음파'까지도 직접 전달할 수 없을 정도로 수개월 동안 격조했던 개구리들, 결국 '지난 겨울의 비상한 혹한'에 얼어 죽은 개구리들, 그러나 이런 시련 속에서도 살아 남은 개구리들'. 이것은 바로 어떤 시련을 당해도 영원히 멸망하지 않는 우리 조선인의 자화상이다.

결국 이 짧은 글은 김교신이 26세(1927년 7월)부터 41세(1942년 3월)까지 매월 발행하던 ≪성서조선≫의 폐간을 몰고 왔으며, 이를 계기로 김교신과 그의 동지인 함석헌 · 송두용 · 유달영 등 12명이 서대문 형무소에서 옥고를 치른 세칭 '성서조선 사건'이 발생했다. 그만치 이 글은—함석헌의 표현을 빌리면—"인생을 참 살라 했고 나라를 참 사랑하라 했으며, 인생을 참으로 사는 것이 참으로 나라를 사랑하는 것이요, 신앙에 사는 인생이 참 인생이라고 생각"한 김교신의 대표작일 뿐만 아니라 사회수필의 귀감이라고 할 수 있다.

웬일인지는 몰라도 최근에는 수필이라면 당연히 가벼운 감상적인 글이라고 생각하게 되었다. 그리하여 일부의 사람들은 현재 우리나라에서는 수필, 신변잡기, 에세이 등이 전혀 구별되지 않는다고 비아냥거리고 있다. 인생의 문제를 적극적으로 묘사하는 사회수필 · 철학수필 · 정치수필 · 경제수필 등을 모두 포함하는 '무거운 수필'이 한국 문단에 절실히 필요한 이유가 여기에 있으며, 김교신의 〈조와〉는 이런 '무거운 수필'의 한 지류인 사회수필의 대표작이 될 수 있을 것이다.

② 제2의 지존파를 없애려면

1994년 9월 21일 화요일. 한가윗날 저녁 텔레비전에는 지금까지 아무도 들어 보지 못한 어휘가 나타났다. 지존파. 7명의 20대들이 살인 공장과 시체 소각장까지 갖추고 작년 7월부터 현재까지 최소한 5명을 살해했으며, 배반한 동료를 흉기로 살해 매장했으며, 하다 못해 실험 살인으로 20대 여자 행인을 교살하기도 했다는 것이다. 그리고 그들은 서울 압구정동 현대백화점의 부유층 고객 1천 3백 65명의 명단을 확보했으며, 그들을 무차별 살해할 계획을 가지고 있었다. 그들의 이름은 김기환(金基煥, 26)을 비롯하여 강동은(姜東銀, 21), 김현양(金現陽, 22), 이경숙(李京淑, 23), 문상록(文相錄, 23), 강문섭(姜文燮, 20), 백병옥(白炳玉, 20)이다.

그러나 국민들이 가장 섬뜩하게 느낀 것은, 현장 검증에 나타난 그들의 태연한 얼굴, 야릇한 미소, 침착한 태도였다. 그들이 한 말은 이런 것이었다.

> "압구정동의 야타족 등 가진 자를 증오한다. 우리가 가난한 것은 사회 잘못이다. 가진 사람들에게 당한 것은 비록 우리들만은 아니지만 남들과 다른 점은 (우리가) 행동으로 옮긴 것뿐이다."
>
> "욕만 나온다. 백화점에서 한 번에 7백만 원 이상씩 쓸 수 있는 사람들이 어떤 놈들인지 궁금했다. 이들이 싫

었고, 돈을 뺏고 싶었다."

"다시는 우리같은 사람들이 생기지 않았으면 좋겠다. 무전유죄 유전무죄다."

"나는 인간이길 포기했다."

"명단에 있는 사람들을 싸그리 죽이려고 했다."

"우리는 보트를 타고 가는 별장을 우선 선택하기로 했다."

또한 이번 사건을 원격 조종했으며 다른 사건으로 이미 구속중이던 두목 김기환도 李 여인의 탈출로 이 사건이 발각된 사실에 대하여 "여자는 어머니도 믿지 말라고 했는데…."라고 아쉬움을 표하면서 이렇게 욕했다. "잘 살고 잘 먹고 목에 힘주고 사는 모든 사람은 살아남지 못할 것이다."

시간이 지나면서 우리는 그들의 대부분이 아버지가 없는 결손 가정 출신이며, 중학교를 중퇴하고 밑바닥 인생길을 걸었다는 사실을 알게 되었다. 그러면서 우리 보통사람들에게는 혼란이 생겼다. 지금까지 그들에게 가지고 있던 적개심이 의아심으로 변하고, 어느 경우에는 고개를 끄덕이는 긍정적인 반응까지 갖게 되었다. 먼저 의아심부터 알아 보자.

-그들이 가난한 것은 그들의 잘못이 아니라 사회의 잘못이다?

-정말 한 번에 7백만 원 이상을 쓰는 백화점 고객이 있을까?

–보트를 타고 갈 정도로 화려한 별장을 가진 사람이 우리나라에 있을까?
–단순 사기죄의 소송 비용으로 1천 5백만 원을 받은 변호사가 있을까?
–오렌지족과 야타족은 왜 생기는가?
–도대체 왜 우리나라에는 생매장 사건, 박한상 사건, 지존파 사건과 같은 엽기적인 살인 사건이 계속 발생하는가?

나는 이제 "우리는 그들을 악마라고 부를 수 있는가?"라는 질문으로부터 이 사건에 대한 분석을 시작하겠다. 분명히 그들은 동물이나 악마가 아닌 사람이다. 우리와 동등한 만물의 영장이다. 더구나 그들은 과거 · 현재 · 미래의 수많은 사람들 중에서도 우리와 동시대를 살고 있으며, 또한 그들은 우리와 동일한 언어를 사용하는 대한민국의 국민이다. 옷깃만 스쳐도 인연이라는 불교를 믿지 않더라도, 그들과 우리들의 관계는 참으로 귀중한 인연이 아닐 수 없다.

그럼에도 우리는 그들을 천사나 인간이라고 부르지 않고 마귀 혹은 악마라고 부른다. 이런 우리의 태도는 정당한 것인가? 물론 그들은 스스로 '인간이기를 포기한 사람'이라고 말했으며, 매스컴도 그들을 '살인마라는 말 이외에는 달리 표현할 수 없는 그들,' '하늘도 용서할 수 없는 범죄자들' 혹은 '스스로 인간이기를 포기한 살인자들' 등으로 부른다. 그럼에도 —이 모든 표현들이 참으로 옳음에도 불구하고—그들은 우리의 이웃이 아닌가?

첫째, 중세철학자들은 인간을 천사와 악마의 '중간적인 존재'로 규정했다. 인간은 언제나 성聖과 속俗의 세계를 넘나들면서 살 수밖에 없으며, 그래서 그는 천사도 될 수 있고 악마도 될 수 있다는 뜻이다. 인간의 이런 어정쩡한 상태를 잘 나타내는 옛날 얘기가 있다.

어느 유명한 화가가 천사를 그리기로 결심하고 그 모델을 찾아 전국을 순회했다고 한다. 그는 어느날 우연히 포근한 엄마 품에서 평화롭게 놀고 있는 어린애를 만났다. 그는 만약 천사가 존재한다면 바로 저 어린애의 즐거움과 순수함을 가지고 있을 것이라고 생각하여 그를 모델로 천사를 그리고, 그 위에다 두 날개를 그렸다.

약 20여년 지나서 이 화가는 악마를 그리기로 작정하고 그 모델을 찾아 전국을 방랑했다. 우연히 그는 사형 집행을 눈앞에 둔 잔악한 죄인을 만났다. 만나자마자 그는 살기를 느낄 수 있었으며, 인간의 기본 조건까지 포기한 그의 눈동자에는 살인자의 광선이 비치고 있었다. 그는 만약 악마가 존재한다면 바로 저런 인물일 것이라고 생각하고 그를 모델로 마귀를 그렸다. 그런데 나중에 알고 보니 이 두 모델은 동일인이었다고 한다. 그러니까 천사의 모델이 될 정도로 순수했던 어린애는 결국 악마의 모델이 될 정도의 어른이 되었다는 뜻이다.

이 일화는 중간적인 존재인 인간은 실제로 천사가 될 수도 있고 악마가 될 수도 있다는 사실을 우리에게 잘 알려 준다. 그러므로 우리는 사람을 외모로 판단하지 말아야 한다. 그의 외모는 버젓이 사람이지만 실제로는 천사나 악마가 될 수 있는 것이다. 이런 뜻에서 우리는 이번 범죄자들을 인간이 아닌 악마라고 부를 수 있다.

둘째, 그러나 더욱 중요한 것은, 완전한 천사나 완전한 악마는 이 세상에 하나도 없다는 사실이다. 그리하여 종교학자 엘리아데(M. Eliade)는 현대가 아무리 속화俗化되어도 원초적인 성聖의 개념을 완전히 팽개칠 수는 없으며, 굉장히 성화聖化된 사람도 속俗의 근성을 완전히 탈피할 수는 없다고 말했다. 더 나아가서 엘리아데는 모든 성은 속을 통해 나타날 수밖에 없다고 말했다. 종교의 신성은 세속적이고 불완전한 종교인들의 행위를 통해 나타나며, 어느 개인의 순수한 정신도 불완전한 그의 일상 생활을 통해 나타난다.

나는 여기서 이번 범죄자들의 행위를 무조건 변호하려는 것이 아니다. 다만 그들도 성을 완전히 팽개친 속된 사람들이 아니라면, 그들을 그렇게 만든 우리들(바로 우리 자신들)의 책임도 동시에 통감해야 함을 강조하고 싶을 뿐이다.

이 사건을 바라보는 사람들은 그것이 나의 일이 아니라고 생각하는 무관심주의자, 아무 근거도 없이 다시는 이런 일이 일어나지 않을 것이라고 믿는 낙천주의자, 비슷한 일이 또 일어날 것이라고 믿는 비관주의자로 분류될 수 있다. 여기서 무관심주의자는 이 사건을 우리가 삶의 과정에서 만날 수 있는 하나의 에피소드로 간주할 것이며, 나이브한 낙천주의자는 아무런 이유도 없이 그래도 대한민국은 잘 될 것이라고 큰소리칠 것이며, 극단적인 비관주의자들은 앞으로 이보다 더욱 잔악한 일이 벌어질 것이라고 믿는다. 그러면 우리는 세 가지 중에서 어떤 태도를 취해야 하는가?

일찍이 철학자 데이비드 흄(D. Hume)은 무관심은 비난보다 더욱 비참하다고 말했다. 그렇다. 우리는 이 사건에 무관심하지 말아야 한다. 그들은 어디까지나 우리의 이웃이며, 아직도 성聖을 완전히 상실한 악마는 아니기 때문이다. 그리하여 정진홍은 "하나의 범죄적인 사실에 직면할 때 우리는 결코 감상적이지 말아야 한다."고 말하면서 그들과 우리들의 공동체성을 이렇게 설명한다.

> 공동체란 서로 얽혀 있는 구조 안에서의 삶을 일컫는다. 그렇다면 하나의 공동체 안에서 벌어진 일은 특정인의 일이 아니라 공동체 전체 구성원의 일이다. 따라서 그 일에 관한 한, 누구도 예외자일 수가 없다. 법률적으로는 그렇지 않지만 도의적 차원에서는 누구나 모든 일을 공유共有하고 있기 때문이다. 이런 의식이 바탕을 이루지 않는 한, 우리는 공동체적 삶을 지탱할 수 없다.

그런데 역설적이게도, 우리는 이번 범죄자들의 타도 대상인 오렌지족들이 바로 범죄자들에 대해 지독한 무관심주의자라는 사실을 잊지 말아야 한다. 그들은 가난한 사람, 착취받는 사람에 대하여 아무런 관심이 없다. 그러나 우리는 범죄자를 옹호하기 위해 야타족에 대해 무관심하거나, 야타족과 비슷한 삶을 영위한다고 해서 범죄자에 대해 무관심하지 말아야 한다. 이것은 참으로 귀중한 교훈이다. 해결책은 —혹시 해결책이 있다면—우리가 그들 모두에게 무관심주의자로 남지 않을 때만 가능할 것이다.

③ 〈증오와 분노〉를 읽고

엉뚱하게도 이 글은 수국으로부터 시작한다. "수국은 여름꽃이다. 6월과 7월, 그 뜨거운 날에 화려하게, 화려하게 피어나서, 흰색은 이윽고 분홍으로, 파랑은 이윽고 남빛으로 바뀌어간다. 꽃잎 위에 또 무수한 꽃잎이 포개지면서 현란하고도 우아한 자태로 주위를 압도한다." 그러나 그런 수국을 바라보는 작가는 어떤 분노가 솟구친다. 피가 끓어오른다. 1987년 7월 8일이 떠오르기 때문이다.

그날 작가는 국가보안법 위반으로 실형 2년, 자격 정지 2년을 받았으나 마침 6 · 29선언의 이른바 '정치적 결단'에 의해 석방될 둘째 아들을 맞이하려고 대전 교도소로 달려갔다.

이미 출소가 확정된 일주일 전에는 나올 때 입을 옷까지 넣어 주었으며, 그가 그 안에서 읽었던 백여 권의 책은 서둘러 찾아와 집에 갖다 둔 터였다. 그런데 이를 어쩌랴. 그는 그날 감옥에서 나오지 못했다. 대전에서만 76명의 대학생이 한꺼번에 쏟아져 나왔는데, 그의 아들은 거기에 들지 않고 석방에서 제외된 9명 중에 한 청년이었다. 작가는 말한다.

> 나는 입술을 깨물고 묵묵히 서 있었다. 발밑의 땅이 흔들흔들하면서 흙살이 부서진다. 푸석푸석 무너져 내리는 땅에 발목을 박고 서서 나타날 리 없는 아들을 기다렸다. 76번째의 마지막 학생이 나온 다음에도 그냥 그렇게 장승처럼 서 있었다. 돌연히 아들이 내게로 뛰어오는 일은 없을 것인가. "어머니, 여기 계셨군요." 그러나 그 꿈 같은 일은 끝내 일어나지 않았다. 나는 전신을 던져 무엇이든 박살내고 싶었다. 태양은 아직 기울지 않고 잔인하도록 햇빛이 밝다.

작가가 '수국의 비극성'을 발견한 것은 바로 그때였다. 그는 우연히 하늘을 바라보다가 저만치서 눈길을 끄는 한 떨기의 수국을 발견한 것이다. "15척 콘크리트 담장의 침묵을 깨뜨리고 선명한 청자색으로 의연히 솟아있는 꽃. 죄수도 간수도 면회 오는 가족도 결코 눈여겨보지 않는 꽃. 이건 다만 이 시대이 땅의, 그리고 오늘 나의 분노를 증언하려고 피어난 꽃이라고 나는 속으로 외쳤다. 한겨울 흰눈 속의 동백이, 혹은 늦가을 찬서리에 젖은 들국화가 아름다운 것은 그 비극성 때문이다. 그리고 들판도 아니고 계곡도 아닌 이 대전 형무소의 박토薄土에서 이글거리는 태양을 머리에 이고 피어난 수국이 황홀한 것은 분노의 상징성 때문이었다."

여기서 수국은 아름다움, 평온함, 고요함의 상징이 아니라 분노의 상징이 된다. 그것은 자식의 억울한 고통에 대하여 아무것도 할 수 없는 자신의 무력함에서 오는 분노며, 또한 우리를 억압하는 '비정한 타인들'에 대한 분노다. "나는 저들 대열에 가담하지 못하고 저들의 희생을 막지도 못한다. 예전에는 학생을 싸움터로 보내고, 지금은 학생을 두들겨패는 권력에 대해서 전혀 무력할 수밖에 없는 것이다.

그러나 우리는 여기서 분노와 증오가 동일하지 않다는 사실을 절대로 잊지 말아야 한다. 대부분의 경우에 분노는 증오에서 나오며, 증오하면 분노하게 된다. 그러나 정당한 분노는 증오를 제거할 수 있다. 이것은 마치 죄를 미워하되 죄인을 미워하지 말라는 충고와 다름이 없다.

이육사는 천고千古의 뒤에 초인超人으로 하여금 이 광야에서 목놓아 부르게 하겠다고 절규했다. 그가 말하는 초인이란 의인義人이 아니겠는가. 의인이란 정의가 유린되었을 때 분노할 줄 아는 사람이다. 사람은 분노하면 정확한 판단을 못하는 법이라고들 말한다. 옳은 해석일 것이다. 그렇다고 해도 분노하는 인간은 분노를 나타내지 않고 증오만 하는 인간보다는 항상 용서되어야 한다고 나는 믿는다. 만약 어떠한 상황에서 우리가 꼭 삼가야 할 것이 있다면 그건 증오일 뿐, 분노는 아니다.

④ 삶의 무의미성과 끝없는 절망 —나의 유학 시절

사람은 누구나 지금까지 살아온 자신의 삶에 대하여 지독한 회의를 느끼는 기회를 가질 때가 있다. 그 회의가 점차 짙어지면 새로운 형태의 삶을 찾아내야 된다고 생각하면서도 막상 어떻게 해야 될지를 몰라 더욱 미궁으로 빠지게 된다. 대개의 경우에 있어서 이 '우연한 기회'는 애인의 죽음, 자녀의 질병, 천재지변과 같은 극적인 사건을 맞이한 다음에 생기게 마련이다.

그러나 어떤 사람의 경우는 삶에 대한 불안, 회의, 무기력, 증오가 뒤범벅이 되어 자신도 모르게 천천히 나타날 수도 있다. 이런 경우에 그는 정확히 무엇인지도 모르는 지금까지의 삶에 대하여 정신적인 구토증을 느끼고 외형적으로는 신경질적으로 되거나 히스테리의 발작을 일으킬 수도 있다. 그리하여 그는 삶 자체가 부조리라는 것을 깨닫게 되고, 그 부조리를 깨뜨리려는 모든 노력이 다시 부조리일 수밖에 없다는 것을 깨닫게 된다.

인생은 비극이며, 인생의 궁극적 목적은 그에 비극을 초월

및 극복하려는 노력이며, 이와 같으니 인간의 노력은 결국에는 비극적으로 끝날 수밖에 없다는 희랍 신화의 주제를 깨닫게 된다. 그것을 우리는 까뮈의 표현을 빌어서 인간조건의 부조리 혹은 삶의 무의미성이라고 말할 수 있다.

이런 삶의 무의미성은 아무런 대책이 없다는 뜻에서 비극이긴 하지만, 그렇다고 해서 눈물이 펑펑 쏟아질 정도의 비극은 아니다. 이인의 시체를 바라보면서 쏟아지는 눈물이나 병들어 죽어가는 자식을 바라보면서 쏟아지는 눈물과 같은 비극은 아니다. 어떻게 보면 모든 것이 제대로 돌아가고 있으며, 언뜻 보기에는 아무런 문제가 없는 듯이 보인다.

그러나 아무런 문제가 없는 듯이 보이는 곳에 바로 이 문제의 심각성이 도사리고 있다. 모든 것이 제 나름대로의 의미를 가지고 있는 듯이 보이면서도 사실은 아무런 의미가 없는 상태, 그리하여 도대체 무엇이 문제인지조차를 알 수 없는 상태, 중 · 고등학교 시절에 물었던 사람은 왜 사는가라는 극히 소년 · 소녀적인 질문이 아무런 체계도 없이 다가와서 심신을 괴롭히는 상태, 이것이 바로 삶의 무의미성이 가지고 있는 지독한 구역질이다.

내가 이러한 삶의 허전함을 새삼스럽게 느끼고 거기서 나오는 단조로움에 몸부림을 치게 된 것은 대학을 졸업하고 10년이 훨씬 지난 다음이었다. 그동안 나는 10여 군데의 직장생활을 해 왔고 결혼도 했다. 서울대학교 문리과대학 종교학과를 졸업했다는 이유로 마음대로 취직 시험도 못 보고 있다가 우연히 입사하게 된 무역회사에 있을 때만 해도 소공동에 있었던 시립 도서관에서 머리를 길게 늘어뜨리고 고시 공부를 하는 재수생들을 쳐다보고 공부를 계속할 수 없는 내 처지를 한탄하면서 눈물을 흘렸다. 그러나 그런 생각도 약2년이 지난 다음에는 말끔히 사라지고 "인생이란 반드시 한 가지 일만 하면서 살 필요가 없다. 행복이란 역시 평범한 곳에 있다. 월급쟁이 노릇도 공부하는 길보다 훨씬 훌륭할 수 있다"고 자위하게 되었다. 그리하여 무역회사, 안경회사, 여행사, 미군 부대 종업원, 신문사, 사진 현상소를 거쳐 월남까지 떠돌아 다니게 되었고, 월남이 패망하기 직전에 차렸던 엉터리 구멍가게에서는 돈도 좀 벌어서 세계일주 여행도 했다.

그러므로 나는 유학생으로 미국을 간 것도 아니었고 또한 공부를 하려고 미국에 간 것도 아니었다. 6년간의 월남생활을 청산하고 한국에 돌아왔을 때 모든 것이 여의치 않아 미국에 가서 오클라호마 주에서는 가장 많은 부수를 자랑하는 〈Daily Oklahoman/Oklahoma Times〉신문사에 취직해서 일년 동안 무사히 살고 있었다.

이때 나는 나의 삶에는 아무런 기준이 없다는 생각이 불현듯 나타났다. 지금까지 나에게는 너무나도 뚜렷한 기준이 있었다. 그것은 내 나름대로 각색을 한 것이지만, 나는 그것을 무조건 '기독교적인 기준'이라고 믿어 왔었다.

이 기준에 대한 나의 신념은 너무나 철저했기 때문에 나는 지금까지 고민으로 밤을 새운 적도 없고, 인생이나 죽음에 대하여—아니, 모든 문제에 대하여—언제나 명확하게 옳은 답변을 줄 수 있다고 믿어 왔으며, 또한 이러한 믿음을 실천하면서 살아왔다. 그러므로 오늘날까지의 나의 삶이란 단순히 이 철저한 기준을 더욱 공고히 하는 것뿐이었다.

그런데 이렇게도 확신했던 기준이 흔들리기 시작했다. 그렇다고 해서 나에게 어떤 극적인 사건이 생긴 것도 아니었다. 첫사랑의 연인에게서 배반을 당한 일도 없고, 절친했던 친우나 가족의 일원이 갑자기 죽은 일도 없었다. 어떻게 보면 지금까지의 나는 출세를 한 편이었다. 비록 자의반 타의반으로 여러 직장을 순례하긴 했지만 그런대로 남들처럼 술도 마시고, 춤도 추고, 어느 정도의 방탕도 했으며, 당시에는 극히 힘들었던 세계일주를 마치고 ≪벌거벗은 한국인≫(共和出版社, 1972)이라는 여행기를 출판하기도 했다.

독자들은 도대체 무엇이 문제이며, 왜 이렇게 하찮은(?) 문제로 고민을 하느냐고 질문을 할 것이다. 처음부터 물결 흐르는 대로 살던 사람은 아무리 세상이 바뀌어도 그렇게 절망을 하지는 않는다. 그리고 처음부터 인생을 넓은 시야에서 살던 사람도 인생이란 그저 그렇고 그런 것이라는 일종의 관용심을 가지고 살아간다. 구태여 세상을 욕하지도 않고 특별히 환영하지도 않으면서 살아간다. 그러나 광대한 하늘을 바라본다고 믿으면서도 실제로는 제한된 하늘만을 바라보고 살던 우물 안 개구리가 일단 우물 밖으로 나오면 왜 나오게 되었는지 정확히 말할 수는 없지만, 타인에게는 아무런 문제가 되지 않는 사소한 일들조차도 커다란 절망과 실망을 안겨 주게 마련이다.

나는 다시 기도를 하고 성서를 읽기 시작했다. 벌써 몇 번 읽은 성서이지만 새로이 일어난 삶의 무의미성을 해결하려는 골똘한 노력을 쏟으면서 다시 읽기 시작했다. 그런데 웬일인지 자꾸 성서의 글이 눈에 들어오지 않고 기도를 할 수가 없었다. 사탄의 유혹에 빠진 것이 틀림없는 일이었다.

나는 사회생활을 한지 11년 만에 오클라호마 대학의 철학과에 입학했다. 처음부터 철학과에 들어가려던 것도 아니었다. 어디든지 산재해 있는 신학교는 가기가 싫었고, 공부를 하고 싶었던 종교학과는 내가 살고 있는 근처에서는 찾을 수가 없기 때문에 비슷한 곳을 찾다보니 철학과의 대학원생이 되어 버렸다. 다시 공부를 한다면 저널리즘을 전공하겠다는 막연한 생각이 없었던 것은 아니지만, 당장 발에 떨어진 삶의 무의미성이라는 불을 끄기 위해서는 철학이 더욱 적합할 것 같았다. 열심히 철학을 공부하면 적어도 이 다급한 문제의 해결이나 실마리를 찾을 수 있을 것이라는 가녈픈 기대를 가지고.

오랜만의 대학생활은 들어가자마자 실망과 절망의 연속이었다. 36세라는 나이가 가져다 준 의기소침이나 정열의 결여 때문이 아니었다. 오히려 당시에 나는 어느 젊은이에 못지않게 인생과 학문을 배우려는 정열에 불타고 있었다. 그리고 영어로 말하면 과거 11년 동안 미국인들과 같이 일해 왔고, 특히 〈Stars and Stripes〉 신문사에서 일했기 때문에 자신이 있었다. 그리고 비록 오랫동안 학교를 떠나 있었지만 원래 나는 학문을 사랑했던 사람이며, 더구나 철학으로 말하면 소크라테스, 플라톤, 아퀴나스, 키에르케고르, 칼 바르트, 라인홀드 니버를 나름대로 떠들어대던 사람이었다. 그러므로 나는 다시 돌아온 학교 생화에 자신을 가지고 있었다. 이러한 기대와 자신에도 불구하고 나의 유학생활은 처음부터 처절한 절망의 연속이었다.

토플시험을 치르고 입학을 하자마자 나는 인사도 드리고 인생 문제도 토의하려고 철학과 과장의 면담을 신청했다. 1973년의 2월이었는데, 마침 그날은 그해 겨울 중에서도 눈이 가장 많이 내리고 기온이 떨어져 하이웨이가 온통 살얼음판이었다. 그러나 동방예의지국에서 온 학생으로서 과장과의 약속을 감히 취소할 수 없다고 생각했다. 오랜만에 양복과 넥타이를 메고 30분밖에 걸리지 않는 하이웨이를 거의 3시간 동안 차를 몰고 찾아갔다. 등에서는 식은 땀이 흐르고 있었다. 사무실에 도착해 보니 과장은 보이지도 않고, 비서인 듯한 아가씨가 손톱을 손질하고 있었다. 날씨 때문에 올 것 같지가 않아서 집에서 쉬고 있다는 것이었다. 분하기도 하고 서운하기도 했다. 30분 후에 도착한 과장은 꼭 10분 동안 나와 이야기할 수가 있다고 말했다.

철학과의 과장이면 인생 경험도 풍부하고 지적으로 뛰어난 노경의 학자를 연상했었다. 그러나 그는 나보다 적어도 7,8년은 젊은 과장이라 실망을 하지 않을 수 없었다. 그런데다가 모든 것이 그저 사무적이었다.

"무엇을 전공하려고 하시오?"

"삶(life)을 전공하고 싶습니다만…."

"럿셀의 생철학生哲學을 공부하려고 하시오?

"아니오, 그저 인간을 공부하고 싶은데요…."

"아, 그렇습니까. 인간학을 공부하려고 하는군요."

"아닙니다. 나는 철학이 아니라 그저 인생과 인간을 알고 싶을 뿐입니다."

"……."

그는 현기증을 느끼는 모양이다.

"그러면 전공은 나중에 지도 교수와 상의해서 결정하시오, 하여간 9학점을 신청해야 외국인 학생의 비자가 연장됩니다."

"과장님, 학점에 관한 얘기는 집어치우고 인생에 관한 얘기를 좀 할 수 없습니까? 나는 지금 삶의 무의미성에 지쳐서 녹초가 되어 있습니다."

이제 그는 나를 실성한 사람으로 여기는 것 같았다.

"난 지금 바쁘니까 그런 얘기를 할 시간이 없소. 내 아내와의 약속이 있기 때문이오. 하여간 수강 과목은 나중에 결정하더라도 9학점을 신청해야 된다는 것만은 꼭 알고 있으시오. 진정 나를 믿지 못하겠으면 지금 당장 외국인 학생 지도교수를 대어 드리지요."

그는 나의 말을 듣지도 않으면서 전화의 다이얼을 돌렸다. 나는 하는 수없이 수화기를 받았다. 통화의 내용은 이민법에는 아무런 예외가 있을 수 없다는 내용이었다. 나는 그만 울화통이 터졌다. 눈물이 주르르 흘러나왔다.

"9학점을 신청하지 않아 강제 출국 명령이 나오면 이곳을 미련없이 떠나겠소, 내가 꼭 미국에서 학교를 다닐 필요는 없으니까요. 나는 지금 석사학위나 박사학위를 얻기 위하여 이곳에 온 것이 아니오. 나는 학위를 위한 학생이 아니라 인생을 배우는 학생이 되기 위하여 이곳에 왔습니다. 제발 잠깐만이라도 인생을 이야기합시다. 아무런 결론을 얻지 못해도 좋습니다. 도대체 왜 외국인 학생 지도교수와 철학과의 과장님이 인생을 논할 수가 없으며 인생을 이야기 할 시간이 없습니까?"

가슴 속으로 눈물을 펑펑 쏟으면서 집으로 돌아와 생각해보니 내가 너무 많은 기대를 했었다는 기분이 들었다. 미국인들은 새로 나온 자동차를 타고 1년에 한 번씩 여행이나 가면 인생 문제를 해결했다고 생각하는 사람들이 아닌가. 철하과 과장이나 외국인 학생 지도교수는 예외일 것이라고 기대했던 내가 잘못일 뿐이다. 역시 인생은 내 스스로 살아가고 내 스스로 공부를 해야 된다. 삶의 기준도 남이 아니라 내가 찾아야 한다. 인생이란 원래 남을 대신해서 징역을 살고 감옥에 갈 수는 있어도, 남을 대신해서 태어나고 죽을 수는 없으며, 남을 대신해서 천당이나 극락에 갈 수도 없는 존재다. 파스칼이 말한대로 인간은 언제나 혼자 태어나서 혼자 죽어간다.

강의실에 처음 들어갔을 때 나는 또 다시 실망하지 않을 수 없었다. 강의를 하는 교수의 영어는 전부 알아듣겠는데 그 내용은 전혀 이해할 수 없었다. 마침 헤겔에 관한 강의였는데, 그의 형이상학뿐만 아니라 인식론, 윤리, 종교철학, 정치철학을 전혀 알아 들을 수 없었다. 참으로 기가 막힐 일이다. 나로 말하면 헤겔과 키에르케고르를 수없이 지껄여 왔기 때문에, 내 자신이 철학에 대하여 상당히 많이 알고 있다고 믿고 있었다. 하는 수 없이 남의 눈이 창피하기는 하지만 학부 4학년의 과목을 청강하기로 했다.

그런데 그것도 전혀 이해할 수가 없었다. 다시 3학년의 과목으로 들어갔다. 이렇게 내려가다 보니 결국 나는 학부1학년의 일반 과목인 철학개론, 윤리학 개론, 논리학, 종교철학 개론, 정치철학 개론으로 전락하고 말았다. 그 이유는 어디에 있는가?

첫째, 지금까지 나는 한쪽으로 치우친 공부를 해 왔던 것이다. 기독교적인 신앙에 파묻혀 있었으므로 당시에 한국에 소개된 키에르케고르의 원서는 모두 읽었으면서도 헤겔에 관한 서적이나 원서는 단 한권도 읽지 않았던 것이다. 그리고 모처럼 헤겔을 읽을 기회가 있어도 그것은 어디까지나 그의 사상을 비판하기 위해서였으며, 그의 사상을 객관적으로 이해할 생각에서가 아니었다. 키에르케고르는 옳은 사상가이고 헤겔은 이단자라고 이미 결정을 하고 있었기 때문이다. 철학에 있어서 언제나 플라톤과 아리스토텔레스, 아퀴나스와 던스 스코투스, 합리주의와 경험주의, 키에르케고르와 헤겔, 야스페르스와 사르트르를 비교해서 논하는 것이 상식임에도 불구하고 나는 무조건 무신론자인 사르트르는 물리치고 야스페르스만을 신봉했으며, 기독교만을 옹호하고 불교나 유교를 실제로 알지도 못하면서 배척하고 있었다.

둘째, 우리나라 대학의 공부는 어디까지나 시대적인 공부였다. 고대에는 플라톤과 아리스토텔레스, 중세에는 아퀴나스와 아우구스티누스, 근세에는 데카르트와 흄으로 이어지는 인물 중심의 공부였다. 그러나 서양의 공부는 시대적 혹은 인물 본위의 공부가 아니라 주제 중심적인 공부였다. 그리하여 미국의 대학생들은 구체적으로 아우구스티누스가 어느 시대에 속하는지는 모를 수 있다. 그러나 인간의 본성이나 악의 문제를 토론할 때는 당연히 아우구스티누스를 논해야 된다는 것을 알고 있다. 그런데 나의 경우는 주제 중심이 아니라 암기 위주의 시대구분적인 공부만을 했던 것이다. (예를 들어, 한국의 대학생은 남아메리카 어떤 나라의 수도를 알 수는 있어도, 남아메

리카의 민족주의 운동에 대한 개관은 전혀 무지일 수 있다.)

셋째, 우리나라의 대학생은 교수의 강의를 듣고, 이해하고, 질문하고, 토론은 하면서도 스스로 참고서적을 찾아서 읽고, 토론하고, 정리하고, 사색하는 공부를 하지 않았다. (이러한 사실은 오늘날 더욱 심화되어 있는 실정이다). 더구나 원서 구하기가 하늘의 별따기만큼이나 어렵던 당시에는 전공 분야의 서적은 전혀 구할 수 없었다. 그러나 미국의 대학은 대개 과목의 교과서가 3, 4권 읽고 대학을 졸업 할 수 있는 곳이 아니었다.(그리하여 나는 미국에서 가장 시시한 대학이라도 당시의 서울대학교보다도 더욱 학생에게 독서를 요구한다고 결론을 내렸다).

아무튼 나는 11년간의 사회생활을 청산하고 다시 학교로 돌아갔는데, 돈벌이 할 수 없는 철학을 택한 동기뿐만 아니라 공부하는 방법론에 있어서도 전혀 상이한 환경에 접어들게 되었다. 생각해 보면 내 딴에는 그래도 남보다 열심히 공부했다고 자신하고 있었다. 그럼에도 불구하고 내가 이렇게 무식하다니.

한편으로는 대학에서 새삼스럽게 공부를 한다는 데 대하여 지독한 회의를 느끼고, 다른 한편으로는 대학원의 강의를 조금도 알아들을 수 없어서 학부 1학년의 강의실을 넘나든지 겨우 한 달이 못 되어서, 나에게는 나의 인생을 전환시킨 커다란 사건이 발생했다. 오클라호마와 케네디 대통령이 암살당한 댈

러스 사이를 연결하는 35번의 하이웨이에서 운전하다가 교통 사고를 낸 것이다. 나중에 알고 보니 옆에 타고 계시던 어머님은 갈비뼈가 몇 개 부러지고 나는 그 즉석에서 정신을 잃었다가 3일 만에 깨어났다. 나는 그동안 두 번에 걸친 대수술을 받았는데, 오른쪽 골반이 박살이 난 것이었다. 사고의 책임은 전적으로 나에게 있었다.

때는 1973년 3월 26일 (나는 지금도 오른쪽 허벅지에 5개의 플래스틱 핀을 가지고 있으며, 며칠 동안 운동을 하지 않으면 비가 오는 날에는 다리가 아려서 잠을 이룰 수 없다). 이 사고는 나에게 실존적 및 철학적 결단을 강요하는 계기가 되었다.

첫째. 나는 가뜩이나 회의를 품고 있던 대학생활에 대한 전반적인 재검토를 하게 되었다. 그리하여 나는 미국의 대학생활은 인생 공부를 하는 기관이 아니라 단지 학위를 얻는 기관에 불과하다는 것을 알게 되었다.

나는 당장 그만 두고 싶었다. 그러나 1개월의 병원생활을 청산하고 퇴원을 해서도 1개월 동안은 문 밖을 나갈 수 없었고, 목발을 짚고 걷기 시작한 것이 2개월째였고, 그 다음에는 지금 와서 생각만 해도 지긋지긋한 물리요법을 1주일에 3시간씩 1년을 계속해야 될 정도의 깊은 상처를 가지고는 당장 아무것도 할 수가 없었다. 그리하여 당분간은 어쩔 수 없이 학교엘 나가더라도, 이제는 인생 공부라는 고상한 생각을 말끔히 씻어버리고 오로지 '학위를 위하여 사는 실용적인 학생'이 되기로 결심했다.

둘째, 이 사고는 나로 하여금 정신 · 육체의 문제에 대한 새로운 인식을 갖게 만들었다. 대부분의 이상적인 젊은이들과 마찬가지로, 나는 인간에게 있어서 중요한 것은 정신이며 육체란 단순히 정신을 따라가는 도구에 불과하다고 믿어 왔다.

그러나 눈을 뜨고 있을 때면 어김없이 찾아오는 뼈저린 육체의 고통을 잊기 위하여 어쩔 수 없이 마취제에 의존하는 침대생활을 계속 하다 보니, 전신의 기능인 사고가 제대로 돌아가지 않고 그저 모든 것이 귀찮아질 뿐이었다. 그리고 육체가 지금까지 생각했던 바와 같이 그렇게 시시한 것이 아니라는 생각이 들기 시작했다. 인간은 육체와 정신을 가진 존재다. 그러므로 정신만큼 육체도 중요하고 육체만큼 정신도 중요하다는 것은 상식적인 진리다. 그런데 왜 나는 이 자명한 진리를 모르고 외면하고 정신 제일주의만을 신봉하고 있었는가.

인간은 뜨거운 육체를 가진 동물이다. 그렇게 뜨거운 육체는 언제나 영혼의 길을 가로막고 있다. 그리하여 사도 바울은 "오호라, 나는 슬프도다. 내가 원하는 것을 할 수 없는 존재." 라고 육체의 길을 탄식했고, 아우구스티누스는 육체와 악의 문제 때문에 그렇게도 고민하지 않았던가. 인생은 중생과 부처라는 이면체를 가진 존재다. 인간은 성과 욕, 확신과 회의, 자유와 구속, 사랑과 미움, 천사와 악마, 열등감과 자만심의 이율배반적인 성격을 가진 '이것도 아니고 저것도 아닌' 역설적인 존재이다.

셋째, 나는 한 달 동안의 단조로운 병원 생활에서 삭막한 현대문명의 단면을 쉽게 볼 수 있었다. 그리고 스스로 한탄하기 시작했다. 한국에는 비록 병원시설은 좋지 않더라도 의사와 환자와의 인간적인 대화가 있을 텐데, 그러나 미국의 의사는 며칠 만에 한 번 들러서 꼭 1분 동안 이야기를 할 뿐이다. (나중에 안 일이지만, 실제로 나의 수술을 집도한 사람은 내가 생각했던 과장이 아니라 인턴으로 있는 사람이었다.)

더구나 나는 밤이 되면 혈관 주사와 바늘을 꽂는 연습이 필요한 견습 간호사의 실험 대상이 되고 있었다. 도대체 내가 실험실의 로보트 노릇을 하다니. 사람을 연습의 도구로 사용하다니. 분하기 짝이 없었다. 그러다가 나는 우연히 "사람을 절대로 수단으로 취급하지 말아라. 언제나 목적 자체로서 취급해야 된다."는 칸트의 글귀를 읽게 되었다. 그렇다. 나는 비록 지금 양쪽 다리를 고정시켜서 허공으로 추켜 올려 놓고 있지만 사람 대신에 물건 취급을 받거나 목적 대신에 수단 취급을 받을 수는 없다. 나의 목숨이 붙어 있는 한, 나는 인간이다.

그리하여 나는 일체의 메디케이션을 포기하는 선언을 발표했다. 약도 먹지 않고 주사도 맞지 않았다. 지독한 고통이지만 그대로 참았다. 3일 만에 금테 안경을 쓴 정형외과의 과장이 나타났다. 치료를 거부하는 동양인이 처음부터 마음에 들지 않았다는 눈치였다. 한국에도 해당될지 모르지만 의사, 변호사, 목사와는 절대로 말다툼을 하지 말라는 속담이 있다. 언제나 손해를 보기 마련이라는 뜻이다.

"왜 치료를 거부합니까?"

"뭐? 치료 거부? 쓸데없는 소리는 하지 마시오. 당신은 칸트라는 철학자를 아시오? 하긴 내가 이런 질문을 하는 것 자체가 한심하지. 당신같이 돈을 위하여 태어나서 돈을 위하여 평생을 살아가는 사람이 칸트를 알 도리가 없겠지. 제기랄, 야 개새끼야. (나는 분명히 여기서 한국말로 욕을 했다)."

"도대체 무엇이 문제입니까?"

"그래 내가 문제를 가르쳐 주지. 간단히 말해서 문제는 내가 당신과 같이 살 수 없다는 것이오. 인간이 대우를 받지 않고 살기보다는 차라리 나의 다리뿐만 아니라 목숨까지도 끊어 버리겠다는 것이오. 나를 수단으로 취급하지 말란 말이오."

나는 이미 제 정신이 아니었다.

"정신병원으로 보내야겠군." 그는 이 한 마디를 남기고 그대로 나가 버렸다. 흥. 정신병원으로 나를 보낸다고? 미친 사람은 절대로 자기가 미쳤다고 말하지 않는 법이다. 그러나 정말로 정신병원엘 가야 할 사람은 내가 아니라 바로 네 놈이 아닌가. 나는 이렇게 외치다가 지쳐서 잠이 들고, 견딜 수 없는 통증에 번뜩 눈을 뜨면 다시 고래고래 소리를 지르면서 흑흑 느껴 울기가 일쑤였다. 어느 때는 아픔을 참으려고 혀를 몹시 깨물어서 피가 입 밖으로 흐르기도 했다. 그러나 치료를 일체 거부한 환자를 병원에 붙잡아 놓아 둘 필요는 없는 것이었다.

나는 그 후에 의사의 지시를 무시하고 예정일보다 15일이나 앞당겨 퇴원했다. "앞으로 후회를 해도 소용이 없을 것."이라는 의사의 말을 뒤로 한 채 그대로 병원문을 나서고 말았다.

어쨌든 이 사건으로 인하여 나는 지금까지 아무 것도 모르던 칸트의 철학에 관심을 갖게 되었다. 내가 박사학위의 논문으로 〈맹자철학에 대한 칸트적인 비판〉(A Critical Study of Mencius' Philosophy of Human Nature, with Special Reference to Confucius and Kant)을 쓰게 된 것도 우연한 일이 아니었다.

넷째, 병원에서 퇴원한 다음에 줄곧 나를 괴롭힌 질문은 "왜 이렇게도 엄청난 일이 나에게 일어났는가?" 라는 것이었다. 진통제가 없이는 육체의 고통을 견딜 수 없고 수면제가 없이는 잠을 이룰 수 없었던 그 당시에는 당연한 질문이었는지도 모른다. 나는 이 문제에 대하여 몇 가지로 생각해 보았다.

(a) 미국의 하이웨이를 달리는 자동차의 약10퍼센트는 교통사고를 내게 마련이다. 그것은 통계적으로 증명된 사실이다. 그러므로 재수없게 내가 그 10퍼센트에 속하게 되었다. 특별한 이유는 없다.

그러나 나는 이러한 설명에 만족할 수가 없었다. 그것이 통계적인 사실이라고 하더라도, 내가 꼭 그 10퍼센트 속에 들어

갈 이유는 무엇인가? 모르긴 몰라도 이 세상에는 나보다 못된 놈이 얼마든지 있을 것이다. 하필이면 왜 내가 그 속에 들어가야 하는가 (통계란 일반적인 경우—general case—를 쉽게 설명할 수는 있어도, 김서방이나 이서방과 같은 특수한 경우—particular cases—를 설명할 수는 없는 것이다. 예를 들어 우리나라의 GNP라는 숫자는 공장에서 노동에 전념하면서도 끼니를 잊지 못하는 어느 여공의 경우는 설명할 수 없다.

(b) 이번의 교통사고는 내가 그저 재수가 없어서가 아니라 여러 가지의 원인을 가지고 있다. 나는 사고를 일으키기 직전에 어머님과 말다툼을 했고 그 말다툼 때문에 기분이 몹시 상했었다. 나아가서, 나는 당시에 한국에 두고 온 신혼의 아내와 문제가 있었다. 그래서 운전에 주의를 기울이기 보다는 속이 상한 나의 마음을 어디로든지 팽개치고 싶었다. 더구나 그때는 가랑비가 내리고 있었기 때문에 하이웨이가 상당히 미끄러웠고, 1960년도의 낡은 자동차 타이어는 닳아 빠져 있어 더욱 미끄러지기 쉽게 되어 있었다. 그리고 내가 사고를 낸 지점은 급커브를 하고 있어서 평소에도 여러 번의 사고가 생긴 곳이었다. 게다가 내 차의 브레이크도 그리 성능이 좋은 편이 아니었다.

그러나 나는 이 해석도 받아들일 수가 없었다. 그렇다면 나의 경우와 비슷한 사람은 모두 그곳에서 교통사고를 당했어야 하지 않는가. 이와 비슷한 경우이면서도 아무런 사고 없이 지나간 사람은 얼마든지 있을 것이다. 그리고 비록 모두가 교통사고를 당한다고 가정하더라도 그 사람들이 받은 상처의 정도 차이는 어떻게 설명해야 되는가? 어떤 사람은 머리털 하나 다치지 않고, 나의 경우는 절반쯤 죽었다가 살아났으니 말이다. 이 불공평한 결과를 동일한—혹은 비슷한—원인의 결과라고 간주할 수는 없지 않은가?

(c) 나의 교통사고에는 이상에서 열거한 것들 이외에도 여러 가지의 원인이 있다. 그러나 나는 그 모든 원인들을 모르고 있을 뿐이다. 전지전능한 하느님은 그 원인의 전부를 알고 있을 것이다. 불완전한 인간이 그에게 일어난 일의 모든 원인을 알수 없다는 것은 오히려 당연한 일이다. 그러므로 나의 경우에 있어서 원인이 없거나 부족한 것이 아니라, 충분한 원인이 있었음에도 불구하고 단지 내가 그 원인을 전부 알지 못하고 (the ignorance of all causes) 있을 뿐이다. 이것이 바로 아리스토텔레스의 철학에 입각한 해석이 될 것이다.

그러나 나는 이 설명에도 만족할 수가 없었다. 꼭 집어서 내가 왜 만족할 수 없는지는 말하지 못하면서도, 이렇게 엄청난 사고를 당해야 했던 나의 억울함과 윤리적인 회의는 〈하느님만이 모든 것을 알고 있다. "그러므로 의심하지 말고 그를 신뢰하라." 는 지시를 그대로 받아들일 수 없었다.

인간은 모든 것을 알 수가 없다. 나와 같이 미약한 존재는 더욱 그렇다. 그러나 전부를 알 수 없더라도, 적어도 '납득할 만한' 설명은 있어야 하지 않은가? 만일 이렇게 납득할 만한 설명도 있을 수 없다면, 이성이 없이 살아가는 동물과 인간 사이에 무슨 차이가 있겠는가? 그렇다. 나는 주인이 왜 나를 귀여워해 주는지 모르면서—정말로 귀여워서 귀여워해 주는지 혹은 보신탕집에 팔아먹으려고 귀여워해 주는지—주인에게 꼬리를 흔드는 강아지가 될 수는 없다. 어떤 방법을 써서라도 이유를 찾아야 한다.

(d) 이 사건을 윤리적으로 해석할 수가 있다. 나는 과거에 많은 죄를 짓고 나쁜 짓을 했다. 그러므로 나는 지금 천벌이나 하느님의 진노나 부처님의 노여움을 받았던 것이다. 내가 저지른 잘못에 대한 업보를 고스란히 받았던 것이다.

그러나 이 설명에도 만족할 수가 없었다. 내가 과거에 많은 잘못을 저질렀다고 가정하자. 그러나 내가 기억하는 한에 있어서는 의식적으로 남을 속이거나 사회의 해악이 되었던 적은 없다. 나의 모든 잘못은 나 자신까지도 알지 못했던 나의 행위의 결과일 뿐이다. 내가 나쁜 일을 많이 저질렀다고 가정하자. 그러나 나보다 더욱 나쁜 놈들은 이 세상에 얼마든지 존재할 것이다. (지금 와서 생각하면 내가 왜 이런 방향으로 나의 사고를 몰고 갔는지를 알 수 없다). 악화가 양화를 구축하고, 불의가 정의를 이길 수도 있다. 그러나 이번의 사고는 너무나 억울하다 (이렇게 모든 사람은 자기에게 닥친 불행을 다른 사람에게 닥친 불행보다 확대해서 생각하기 마련이다).

왜 나에게 이 엄청난 일이 일어났는가? 그리고 나는 왜 차라리 죽지 않고 이렇게 살아서 고통을 받는 살아 있는 송장의 노릇을 해야 하는가. 나는 수많은 답변을 상상하고 무너뜨리고 다시 상상하고 무너뜨렸다. 그러다가 혹시 지정한 우연—혹은 순수한 우연(pure or absolute chance)—이 존재할 지도 모른다는 생각을 하게 되었다. 인간사의 대부분과 우주 안에서 일어나는 대부분의 사건은 모두 인과법칙의 지배를 받는다. 콩 심은 데 콩이 나고 팥 심은 데 팥이 나게 마련이다. 그러나 인간사의 한 부분—혹은 몇 가지 부분—속에서는 순수한 우연이 있을 수 있지 않을까? 아니, 정확히 말해서 결과라고도 말할 수 없는 일들이 '그저 일어날 수'(it just happens) 있지 않을까? 물론 이러한 생각은 극히 비과학적인 생각이며 우리들의 일상적인 가정을 전면적으로 부정하는 생각일지도 모른다. (사실은 그렇지도 않다). 아무튼 내가 석사학위의 논문으로서 ≪아리스토텔레스와 퍼스(Charies S. Peirce)에 있어서의 우연의 문제≫(The Problem of Chance in Aristotle and Peirce)를 쓰게 된 것은 순수한 우연의 결과만은 아니었다.

가을에 목발을 양팔에 끼고 학교로 돌아왔을 때 나는 완전히 변화된 인간이 되어 있었다. 삶의 무의미성을 치료하고 인생을 배운다는 유치한(?) 생각을 말끔히 집어치우고, 단지 학위를 얻는 것을 목적으로 삼는 극히 현실적이고 실제적인 학생이 되어 있었다. 인생이란 어차피 그리 쉽게 끝날 수도 없고 쉽게 해결할 수 있는 것도 아니다. 그러므로 이 문제는 나중으로 미루고 우선 학위를 따놓고 보자. 그리하여 나는 1년 만에 석사 학위를 받았고, 그 이후에는 한과목을 직접 가르치는 TA (teaching assistant) 노릇으로 아무 것도 모르는 동서양의 비교철학과 논리학과 종교철학 개론을 가르치면서 돈까지 받게 되었다. 그러면서 나는 내 나름대로 몇 가지 공부의 원칙을 세웠다.

이렇게 시작된 나의 유학생활은 4년이 걸렸다. 다른 유학생들—특히 철학과 같이 인문과학을 전공하는 학생들—에 비하면 결코 오랜 시간은 아니었다. 그러나 그동안의 삶은 정신적으로나 육체적으로 너무 힘들고 눈물겹고 괴로운 날들이었다.

정신적으로는 외국인에 대한 차별대우, 재미 교포들의 추태, 철학과 교수들의 건방질 정도의 쓸데없는 우월감, 그리고 이제는 미국으로 건너온 아내와의 의견 충돌 때문에 언제나 피곤한 상태를 벗어날 수 없었다. 그리고 정신적으로 피곤할 때 가장 나를 괴롭힌 것은 내 자신이 현실의 즐거움을 누구보다도 잘 알고 있다는 사실이었다. 원서의 내용을 이해하지 못할 때는 전부 때려치우고 나이트클럽으로 직행하고 싶은 충동을 느낀 적이 한두 번이 아니었다.

육체적으로 나는 이미 신경안정제를 복용하지 않고는 정신을 집중할 수가 없고, 수면제와 술을 함께 마시지 않으면 잠을 이룰 수 없을 정도였다. 수면제만 가지고는 아무런 효과가 없었기 때문에, 위험한 줄 알면서도 언제나 술과 함께 복용했었다. 여러 번 쓰러지기도 했다. 그러면서도 나는 버티었다. 개인 연구실—TA에게는 방이 하나씩 배당되어 있었다—에서 새벽 2,3시까지 책을 읽고, 다시 6시가 되면 구내의 학생 식당으로 뛰쳐나갔다. 신혼의 아내의 얼굴을 보지 못하고 일주일이나 10여일을 보내기가 일쑤였다. 지금와서 생각해보면, 내가 이 기간에 죽지 않고 살아 남은 것은—그것이 순수한 우연히 아니라면—어머님의 간곡한 기도와 아내의 눈물과 내 자신에 대한 '철저한 자기학대' 때문이었을 것이다.

나는 학문에는 왕도가 따로 없다는 명언을 희미하게 알고 있었다. 그러나 학문의 길이 이렇게도 험한 길이라고는 미처 상상도 하지 못했다. 처음에는 나에게 참다운 학문의 길을 소개해 주지 않은 은사님이나 선배들을 원망했다. 그러나 이제 원망을 하기에는 이미 때가 늦었다. 그리고 무엇보다도 괴로웠던 사실은 내 자신이 너무나 독단적인 편협한 우물 안 개구리의 인생관을 가지고 공부를 했기 때문에 모든 것을 처음부터 다시 시작을 해야 되었다는 것이다.

나는 1978년 2월 고국행 비행기에 올랐다. 외국에서의 직장 생활을 합치면 12년 동안 떠나 있었던 고국이었다. 나의 여행 가방 속에는 수면제가 들어 있었다. 그리고 나는 고국을 향하는 비행기 안에서 오랜만에 처음으로 수면제의 힘을 빌지 않고 깊은 잠에 빠질 수 있었다. 눈물어린 아내의 얼굴과 손자라고밖에 부를 수 없는 첫아들—너무나 연령 차이가 많기 때문에—의 얼굴이 꿈 속에 나타났다.

현상학과 힌두 철학의 세계적인 석학이며 나의 지도교수였던 모한티(J.N.Mohanty) 박사, 석유공학과 미식 축구의 명문인 오클라호마의 넓은 운동장, 돌풍(tornado)이 연중 행사로 찾아오고 석유를 뿜어내는 펌프가 아스팔트 연변에 즐비한 오클라호마의 대평원, 아름다운 호수(Thinderbird Lake)에서 뛰놀던 잭 황, 잭 사파릭, 장지원, 조지 코니첼리, 홍낙형, 톰 보이드와 같은 친구들을 나는 이미 잊고 있었다.

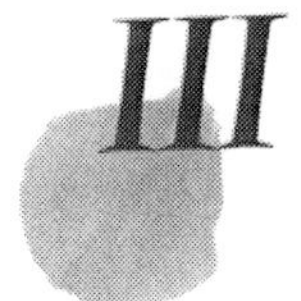

III

철학수필

① 만물유전
-〈있다가는 가고, 또 오고 또 간다〉를 읽고-

② 문학철학과 철학문학

③ 만남은 우연인가

④ 홀로 있음의 외로움과 같이 있음의 외로움

Ⅲ. 철학수필

① 만물유전 : 〈있다가는 가고, 또 오고 또 간다〉를 읽고

이 세상에 변하지 않는 것은 없다. 모든 존재는 왔다가는 가고, 또 오고 또 간다. 생물도 그렇고 무생물도 그렇다. 이것은 자연의 섭리다. 그리고 인간은 이 자연스러운 변화에 대하여 희로애락의 감정을 갖는다. 가령 한강을 매년 찾아오는 철새를 생각해 보자. 검게 보이는 비오리와 청둥오리, 희게 보이는 흰죽지는 마치 한강에 영원히 살려는 듯이 힘차게 날아온다. 그러나 그들도 때가 되면 한강을 버리고 먼 나라로 떠난다. 그것은 우리를 슬프게 한다.

> 그러나 결국은 모두 떠나간다. 한 마리도 남지 않고 모

두 떠나간다. 낙오자 없이 모두 떠나갔으니 다행이라는 생각도 들고, 작별의 인사말 한 마디 없이 헤어져야 하는 인간과 조류의 관계가 안타깝다는 생각도 든다.

이렇게 철새가 사라지면, 마치 "옛 애인이 떠나간 뒤를 이어 새 애인이 다가오듯이 봄꽃이 핀다." 철새에 보냈던 정을 봄꽃으로 보낼 수 있는 것은 의리義理의 문제를 떠나서 다행한 일이다. 그러나 그들도 시나브로 사라지게 마련이다.

변화는 여기서 끝나지 않는다. 그것은 끝없이 진행되는 듯하다. 봄은 여름에 자리를 물려주고, 여름은 다시 가을로 변하고, 가을은 다시 겨울로 지속된다. 그리고 이런 변화는 내년에도 그 후에도 계속될 것이다.

이렇게 보면 "만물은 유전한다."는 희랍의 철학자 헤라클레이토스의 주장이야말로 탁견이 아닐 수 없다. 인간도 이런 변화의 굴레를 전혀 벗어날 수 없다. 만물 밖의 존재가 아닌 인간도 어디까지나 만물의 일부이기 때문이다.

사람도 오고, 사람도 간다. 내 곁으로도 여러 사람이 오고, 여러 사람이 떠나갔다. 여러 가지 인연을 따라서 사람이 다가오고, 인연이 다하면 떠나갔다. 더러는 가까이까지 왔다가 멀리 떠나가고, 더러는 저만치 오다가 말고 어디론가 떠나버렸다.

왔다가는 가고, 또 오고 또 갔다. 간혹 같은 사람이 왔다가 가고 또 오기도 했으나, 대개는 한 번 떠나면 다시 오지 않았다. 그 떠난 자리에 또 다른 사람이 오고 갔다.

그러면 자연의 변화와 인간의 변화 사이에는 어떤 차이점이 있는가?

첫째, 거기에는 인간이 느끼는 감정의 강도強度의 차이점이 있다. 대개 우리는 자연의 변화를 부담없이 받아들인다. 봄에는 꽃이 피고, 여름에는 신록이 울창하고, 가을에는 단풍이 들고, 겨울에는 앙상한 나뭇가지가 된다. 이것은 자연스러운 일이다.

원칙적으로 따지고 보면, 인간에게도 자연스러운 춘하추동이 있을 뿐이다. 그래서 우리는 평소에 사람 팔자 두고 볼 일이라거나 '새옹지마'라는 말을 많이 쓴다. 다시 말하지만 인간도 엄연한 자연의 일부다. 그럼에도 인간의 변화에 대한 우리의 느낌, 정, 사랑 등은 자연의 변화에 비교할 수 없을 정도로 짙고 깊다. 그것이 극히 허망한 생각이라는 사실을 잘 알고 있으면서도.

철새와 꽃과 신록과 단풍은 그저 왔다가 그저 갔다. 그들에게는 정情이 없었다. 정이 있었다면 짝사랑처럼 느낀 나의 정이 있었을 뿐이다.

그러나 사람들의 경우에는 대개 정이 따랐다. 가을볕 또는 겨울볕처럼 약한 정도 있었고, 한여름 태양처럼 뜨거운 정도 있었다. "눈에서 멀어지면 마음도 멀어진다."는 서양의 속담처럼, 정도 몸을 따라서 갔다. 그러나 정에는 긴 여운이 있다.

둘째, 자연의 변화와 인간의 변화 사이에는 대개 인간이 느끼는 지속持續 의 차이점이 있다. 자연의 변화는 영원히—적어도 당분간은 영원히—지속될 것이지만 인간의 삶은 죽음이라는 통과 의례를 거치면서 완전히 끝나게 될 것이라고 생각한다. 물론 기독교인들은 인간뿐만 아니라 만물도 완전히 끝날 때가 있으며, 인간도 다시 부활하여 영원히 살 수 있다고 믿는다. 그러나 대부분의 사람들은 자연의 변화와 인간의 변화는 좀 다르다고 생각한다.

이런 농담이 있다. 어느 목사님이 교인들에게 죽은 다음에 천당에 가고 싶은 사람은 손을 들라고 하자 전체 교인이 손을 높이 들었다고 한다. 그러자 목사님은 다시 "그럼 지금 당장 천당에 가고 싶은 사람은 손을 드시오."라고 하자 한 사람도 없었다는 것이다.

결국 중요한 마지막 질문은 이것이다. 인간도 철새처럼 갔다가 다시 오는가? 나도 봄꽃처럼 갔다가 다시 오는가? 물론 철새와 봄꽃도 언젠가는 완전히 사라질 것이다. 그러나 적어도 몇 번은 갔다 오고 왔다 간다. 그렇다면 인간도 몇 번—아니, 단 한 번이라도—갔다가 다시 오는가. 이 마지막 질문에 대하여 원로 철학자 김태길은 "너 인간이 무엇을 아는가?"와 "너 인간이 무엇을 할 수 있는가?" 라는 회의주의적 답변으로 끝을 맺는다.

> 나도 갔다가 다시 오는가? 윤회설은 다시 온다고 하였다. 그러나 윤회설을 믿는 사람은 믿고, 믿지 않는 사람은 믿지 않는다. 믿어도 거짓은 거짓이고, 믿지 않아도 참은 참이다. 너 인간이 무엇을 아는가.(중략)
>
> 확실히 알 수 있는 것은, 다시 오고 말고에 앞서서 떠나야 한다는 섭리다. 떠나는 얼굴에 눈물이 흐를 것인가. 너 인간이 무엇을 할 수 있는가. 무엇을 할 수 있는가.

윤회론輪廻論과 종말론終末論. 윤회론을 믿는 사람은 다시 오는 희망을 가지고 살 것이며, 종말론을 믿는 사람은 완전히 끝날 희망을 가지고 살 것이다. 그러나 이것도 저것도 믿지 못하는 사람들은 도대체 어떻게 살아야 하는가. 김태길은 이런 사람들에게 우선 마음의 여유를 가지고 나날의 현실에 충실하게 사는 진인사 대천명盡人事待天命을 제시한다.

따지고 보면, 우리 모두가 시한부 인생을 살고 있는 셈이다. 가령 100세의 장수를 누릴 수 있는 건강한 사람이 25세의 생일을 맞았다면, 그에게 남은 시간은 75년이 된다. 75년을 길다고 말하겠는가. 천체天體의 유구함에 비하면 눈 깜짝할 사이에 지나지 않는다.

나도 시한부 인생을 살고 있다. "이 짧은 시간을 어떻게 이용할 것인가."하고 나 자신에게 물어 본다. 반드시 어떤 거창한 일을 해야겠다는 대망大望이 용솟음치지는 않는다. 여러 사람들이 함께 하는 뜻깊은 일에 참여하여 다소라도 보탬이 된다면 그것으로 족할 것이다. 한 가지 명백한 것은, 남을 욕하고 미워하고 속을 끓일 시간을 쪼개내기가 어렵다는 사실이다.

윤회설이나 종말론을 굳게 믿는 사람은 참으로 행복한 사람이다. 그는 그의 삶과 죽음에 대하여 나름대로는 명확한 그림을 그릴 수 있기 때문이다. 그러나 나는 여기서 이 두 가지 이론 중에서 어느 하나가 항상 좋고 다른 것이 항상 나쁘다고 말할 수 없다는 사실을 간단히 언급하고 싶다.

국어대사전은 '유전'을 '이리저리 떠도는 것'이나 '쉬임 없이 변하는 것'으로 설명하면서도 '불교에서는 생사의 인과因果가 무궁하게 이어지는 '윤회'의 뜻을 갖는다고 풀이한다. 여기서 윤회는 인간이 꼭 벗어나야 할 굴레며, 그것은 수행을 쌓아 번뇌를 끊고 깨달음의 세계로 돌아가는 환멸還滅의 반대어가 된다. 이렇게 윤회는 희망일 수도 있고 절망일 수도 있는 것이다. 종말론도 마찬가지일 것이다. 그럼에도 나는 윤회론이나 종말론을 믿는 사람은 행복한 사람이라고 생각한다.

결국 세상에는 세 종류의 사람들이 있다. 윤회론을 믿는 사람과 종말론을 믿는 사람과 이것도 저것도 아닌 회의론을 믿는 사람. 그러나 정확히 말하면, 회의론을 믿는 사람은 믿는 사람이 아니라 믿지 않는 사람이다. 나는 어느 쪽으로나 믿는 사람이 되고 싶다.

② 문학철학과 철학문학

나의 글 〈문학철학을 위하여〉에 대하여 원로 수필가 김시헌이 〈문학과 철학〉이라는 반박문을 썼다. 그 내용은 이렇다.

첫째, "문학은 형식을 중요시하지만 철학은 내용을 중요시한다는 주장은—그들의 정도의 차이를 강조한다는 점에서는 틀린 말이 아니겠으나—그리 설득력이 없다."는 원저자의 주장은 별로 설득력이 없다.

둘째, 문학이라는 꽃에는 향기와 빛깔과 조화가 있지만 철학이라는 뿌리에는 향기도 빛깔도 형태도 없기 때문에 문학과 철학을 '한 가족'으로 볼 수는 없다.

셋째, '문학철학'이라는 표현이 문학도 철학으로 간주해야 된다는 것인지, 문학적인 철학을 말하는 것인지, 혹은 문학과 철학을 하나의 명칭으로 통합하자는 것인지 분명하지 않다.

나는 이 글의 전반부에서 이상의 세 가지 주장을 반박하고, 후반부에서는 문학과 철학이 한 덩어리 혹은 한 가족이 된 구체적인 실례를 제시하겠다. 나의 이런 주장은 철학문학뿐만 아니라 종교문학에도 그대로 적용될 수 있을 것이다.

왜 원저자의 주장은 설득력이 없는가? 작가는 그 이유를 이렇게 말한다. "문학은 철학을 설명하지 않고 형상화한다. 형상화란 철학적인 핵을 문장을 통해서 영상화하는 것을 말한다." 그림의 화면이나 사진의 현상과 같이, 형태로 나타나서 정서에 호소한다. 따라서 문학에는 감정의 표현이 필수적이다. 그러나 철학은 사상의 표현에 그친다. 철학을 정서를 통해서 표현했다면, 그것은 철학이 아니고 문학이 된다."

그러므로 "철학은 이해에 목표가 있고, 문학은 감동에 목표가 있다. 표현의 방법으로 언어를 빌리는 것은 같지만, 그들의 목표는 서로 다르다." 이런 주장에 대하여는 몇 가지 반론이 기다리고 있다.

첫째, 원저자도 "철학성을 너무 강하게 가진 중수필에는 정서의 표현이 거의 없다."는 사실을 인정하며, 그래서 중수필도 과연 문학이냐는 문제가 가끔 제기되기는 하지만 중수필도 '서구에서는 옛날부터 문학으로 간주되어 왔다'는 사실을 인정한다. 그러나 그는 곧이어 "그것은 수필 분야의 일부일뿐 그것으로 문학을 철학과 한 가족이라고는 할 수 없다."고 말한다.

그러면 우리는 이제 중수필을 문학으로 인정하지 말아야 된다는 뜻인가? 만약 그렇다면, 우리는 중수필뿐만 아니라 모든 시평 칼럼, 수필 평론, 소설 평론, 희곡 평론도 '감동'을 목표로 하지 않고 '이해'를 목표로 하기 때문에 문학에서 제외해야 할 것이다. 분명히 원저자는 문학을 서정시나 서정 수필에 한정시키고 있다.

둘째, 작가의 꽃과 뿌리의 비유는 문학은 뜨거운 감성의 작업이고 철학은 냉철한 이성의 작업이라는 뜻이겠다. 그러나 요즘 이렇게 믿는 철학자는 거의 없는 실정이다. 칸트 이래 서양 철학자들은 이성보다 감성을 더욱 중요시하고 있으며, 동양에서는 공자와 맹자 때부터 인간에 대한 논리적 접근보다는 감성적인 접근이 주류를 이루고 있다.

특히 '이성의 죽음'을 선언한 포스트 모던 철학에서는 논리보다는 직관 · 중심성보다는 주변성 · 논리화보다는 형상화를 훨씬 더 중요하게 여기며, 전통적으로 실존철학에서는 객관성보다 주관성을 더욱 강조해 왔다. 분명히 작가는 철학을 (철학의 일부분에 지나지 않는) 과거의 이성중심적 철학으로 한정시키고 있다.

작가는 "문학과 철학이 인간을 추구한다는 내용에서는 동일하다."는 나의 주장에 동의한다. 그러나 실제로는 문학과 철학뿐만 아니라 과학 · 역사 · 종교 · 예술도 모두 인간을 위한 것이기 때문에 "문학과 철학이 바닥에서 동일성을 지녔다고 해서 그것들이 더 인간을 위한 것이라고 말할 수는 없다."고 그는 주장한다.

나는 문학이나 철학이 다른 분야보다 더 인간을 위한다고 주장하지 않았으며, 그들이 다른 분야보다 더 훌륭하다고 주장하지도 않았다. 오히려 나는 앞의 글에서 "문학과 철학뿐만 아니라 모든 학문은 인간의 삶의 질을 향상시키는 목표를 지향하고 있다."고 선언하면서, 이를테면 "볼테르를 모르면 인생을 논하지 말라."거나 "소크라테스를 모르면 삶의 목표를 논하지 말라."는 주장은 "세포를 모르면 인간을 논하지 말라."는 생물학자의 주장과 아무런 차이가 없다고 분명히 말했다.

"모든 사람은 선천적으로 지식을 추구한다."고 선언한 아리스토텔레스와 "도道가 사람을 넓히는 것이 아니라 사람이 도를 넓힌다."고 선언한 공자 시대에는 철학이 문자 그대로 학문의 여왕이었고, 모든 학문이 철학 자체였다. 그러나 이것은 이제 옛날 이야기일 뿐이다. 나도 개인적으로 철학을 최상最上의 학문이라고 믿은 적이 있었다. 그러나 이제 그것은 철없던 시절의 낭만일 뿐이다.

나의 요점은, 문학과 철학을 포함한 인간의 모든 학문은 동일한 목표를 가지고 상보적인 관계에 있었는데, 그들이 근대로 들어오면서 분과화 · 파편화 · 블록화의 과정을 거치면서

서로 경쟁적인 관계로 되었으며, 이제 '하나의 세계'가 된 오늘날에는 그들이 서로 상대방을 선생님으로 모시는 관계로 다시 되돌아가야 한다는 것이다. 그 중에서 역사적으로나 현실적으로 가장 가까운 관계에 있는 문학과 철학의 관계를 물과 기름의 관계로 보는 것은 정말 무정부적이라는 것이다. 나는 ≪문학철학 산책≫에서 이렇게 말했다.

> 우리는 아직도 전공이라는 벽 쌓기에 갇힌 수인囚人의 지적 활동을 벗어나지 못하고 있다. 예를 들어서 문학은 아마도 종교를 제외한 다른 어느 분야보다 철학과 밀접하게 관련을 맺으면서 출발했으며, 또한 이러한 친척 관계親戚關係는 지금도 그대로 유지되고 있다. 그럼에도 우리나라에는 실존주의적인 소설을 쓰는 작가와 실존주의를 전공하는 철학자가 얼굴을 맞대고 토론하는 기회조차 없는 실정이다.

우리가 문학철학의 정확한 개념을 이해하려면, 우리는 먼저 문학철학 (혹은 문학적 철학)과 철학문학 (혹은 철학적 문학)을 구별해야 한다. 내가 이미 ≪우리 수필 평론≫에서 말했듯이, 문학철학은 형이상학 · 인식론 · 윤리학 · 역사철학 · 과학철학 · 종교철학 등과 같은 철학의 한 분야며, 철학문학은 철학적 시 · 철학적 수필 · 철학적 소설 등을 말한다. 즉 철학문학은 철학시, 철학수필, 철학소설로 나눌 수 있다.

예를 들어서 싸르트르의 ≪존재와 무≫가 철학의 한 분야인 실존철학의 저서라면, 그의 ≪구토≫와≪벽≫은 차라리 실존 철학적 소설이라는 뜻에서 철학문학(철학소설)의 저서라고 할 수 있다. 물론 문학철학과 철학문학이 완전히 서로 떨어져 있는 것은 아니며, 또한 절대로 그렇게 되지도 말아야 하겠지만. (이렇게 보면, 문학가는 먼저 철학문학을 시도한 다음에 문학 철학에 접근하는 것이 순리일 것이며, 철학자는 반대로 문학 철학으로부터 철학문학으로 접근해야 할 것이다.)

문학은 철학을 감동 없는 논리라고 생각하지 말고, 철학은 문학을 단순한 감정의 토로라고 생각하지 말아야 된다. 문학과 철학은 만나야 한다.

문학과 철학은 어느 정도 만나야 하는가? 그들은 한 가족, 한 덩어리가 될 정도로 만나야 된다. 그리하여 어느 위대한 사상가의 저술이 문학 작품인가 혹은 철학 작품인가를 따지는 일 자체가 '한심한 짓거리'에 불과하며, 대부분의 위대한 사상가들은 "문학과 철학이라는 양쪽에서의 조명에 의해서만 그들의 실체를 정확하게 파악할 수 있다."는 경지까지 도달해야 한다.

예를 들어서, "키에르케고르의 저서를 문학 작품, 철학 작품, 종교 작품으로 분류하는 것은 참으로 시간 낭비일 뿐이다. 그거나 우리가 억지로 그들을 구분한다면, 아마도 ≪이것이냐 저것이냐≫가 가장 문학적일 것이며, ≪죽음에 이르는 병≫이 가장 종교적일 것이며, ≪철학적 조각들, 혹은 한 조각의 철학≫이 가장 철학적일 것이다. 키에르케고르의 사상을 총체적으로 이해하기 위해 일반적으로 이 세 저서가 필독서로 인정되고 있는 이유가 여기에 있다."

이런 사실은 키에르케고르에게만 해당되지 않는다. 서양의 플라톤 · 아리스토파네스 · 성 아우구스티누스 · 몽떼뉴 · 파스칼 · 니체 · 하이데거 · 러셀이나 동양의 공자 · 노자를 생각해 보라. 그들에게 있어서 이념의 베를린 장벽뿐만 아니라 학문간의 베를린 장벽도 무너지는 시대가 아닌가. 나는 남자와 여자, 이상과 현실, 이론과 실천, 문학과 철학, 철학과 종교, 분석철학과 현상학, 계시와 이성, 직관과 논리, 동양철학과 서양철학은 서로 만나야 하며 또한 만날 수 있다고 믿는 사람이다.

그런데 내가 여기서 사용한 '만난다'는 표현은 그저 한 쪽에서 다른 쪽을 조금 이해해야 된다는 뜻이 아니다. "그것은 한 쪽이 상대방을 전제로 해서만 완전한 의미를 가질 수 있다는 뜻이다. 즉 남자를 의미있게 토론하려면 여자를 전제로 해서만 가능하며, 문학을 심도있게 토론하려면 철학과 종교를 전제로 해서만 가능하다는 뜻이다."

문학과 철학은 동일하지 않다. 그러나 그들의 차이점은 강조점의 차이일 뿐이다. 키에르케고르의 문학과 철학과 종교가 만나듯이, 혹은 공자와 노자가 만나듯이, 문학과 철학이 '한 가족'이 되어야 하는 이유가 여기에 있다. 문학철학과 철학문학이 다같이 건강하게 성장해야 되는 이유도 여기에 있다.

아마도 한국만치 문학과 철학과 종교가 서로 떨어져 있는 나라도 별로 없을 것이다. 문학인은 철학을 모르고, 철학자는 종교를 모르고, 종교인은 무조건 문학과 철학을 배척한다. 참으로 한심한 일이다.

김수봉은 역설적으로 이렇게 말한다. "문학을 이 세상의 무엇보다 최고의 가치라고 여기는 사람도 수필 쓰기엔 위험한 인물이다. 문학 아닌 다른 분야도 인간을 위해 얼마든지 훌륭한 일을 하고 있다는 사실을 망각해서는 안 되기 때문이다." 수필가들이 꼭 새겨들어야 할 말이다.

③ 만남은 우연인가

우리는 우리가 일상생활에서 아는 사람들에게는 다정히 인사하고 대화하고, 어떤 때는 질투하거나 사랑하면서 살아갈 수밖에 없는 사회적 동물이라고 믿는다. 그러나 길을 지날 때 스치는 모르는 사람들과는 아무런 관계가 없다고 생각한다.

그러나 불교는 복잡한 서울 거리에서 교통 신호를 기다리다가 무심히 앞에 서 있는 사람을 바라볼 때, 시장바닥에서 만난 상인들의 목청 높은 소리를 들을 때, 지나가는 여인의 화사한 향수 냄새를 맡을 때, 이런 경우도 모두 억겁의 인연의 결과로 발생한 것이라고 말한다. 그야말로 옷깃만 스쳐도 인연이다.

이렇게 보면 우리들의 만남은 모두 우연이 아니라 필연이라고 말할 수 있다. 특히 평생 살을 섞으면서 살아가는 결혼 배우자와의 만남은 엄청난 필연의 결과라고 말할 수 있다. 그리하여 우리는 전혀 다른 두 남녀의 정다운 만남을 천생연분이라고 말하기도 한다. 아마 비관주의적인 철학자 스피노자가 이 세상에는 순수한 자유의지가 존재하지 않으며 오직 철저한 필연만이 존재한다고 말한 이유도 여기에 있을 것이다.

그런데 우리는 '인연'이란 어휘를 일상적으로는 순수한 우연이란 뜻으로 사용하기도 한다. 노총각이나 노처녀에게 '인연이 있으면…'이라고 말하는 경우가 여기에 속한다. 여기서 인연은 인간의 의식적인 노력과는 전혀 관계가 없는 순수한 일어남을 지칭한다.

원래 인연이란 인연생기因緣生起를 줄여서 부르는 말이고, 불교에서는 이것을 그냥 연기라고 부른다. 그리고 연기란 "이것이 있으니 저것이 있고, 저것이 있으니 이것이 있다."는 뜻이다. 모든 것은 타자와의 관계에서 생겨나며, 단독자로는 아무것도 일어날 수 없다는 사상이다.

만남은 우연인가? 혹은 필연인가? 내가 만나는 모든 사람은 나의 노력과는 아무런 관계없이 발생하는 순수한 우연의 결과인가? 그렇지 않으면 그를 만나려는 나의 지성적, 감정적, 인간적 노력이 만들어낸 필연의 결과인가? 만남의 우연성을 믿는 사람은 인생을 도박이라고 말할 것이며, 만남의 필연성을 믿는 사람은 인생을 노력이라고 말할 것이다.

나의 친구 H는 만남의 철저한 우연성을 믿고 실천한 사람이다. 맞선을 스무 번에 걸쳐 본 친구였다. 처음에는 별 관심도 없이 이 여자 저 여자를 만났으나 꼭 맘에 드는 여자가 없었다. 다음에는 마누라 감을 찾고야 말겠다는 비장한 결의를 가지고 열심히 쫓아다녔으나 인연이 없는지 성사가 되지 않았다. 이렇게 되고 보니 한창 때 가지고 있던 자부심과 자만심은 어느덧 초조감과 긴장감으로 변해버렸고, 심신을 통틀어 아주 늙어버린 자신을 발견하게 되었다. 거기에다 불행히도 '왕년에 안 가본 사람이 없는 월남'까지 흘러갔다.

이 친구가 사이공에 도착한지 한 달도 되기 전에 약혼을 한다는 것이다. 평소에 사귀는 여자가 없는 사실을 아는 주위 친구들은 아는 것 많고 말 많은 노총각이 월남 꽁가이(여자)한테 팔려간다고 생각했다. 약혼 축하가 아니라 장례 위로하는 기분이었다.

그런데 알고 보니 그게 아니었다. 그가 월남에 도착하자마자 한국에 있는 친척이 소개한 어엿한 한국 아가씨와 약 한 달간 편지 연락을 해 왔는데, 그만 약혼을 한다는 것이다. 사진으로만 보고 직접 대면도 하지 않은 여성과의 신부도 없는 약혼식이 사이공 나이트클럽에서 열리고, 같은 시각에 신랑도 없는 약혼식이 서울에서 열린다는 것이다. 이 친구의 말이 바로 이렇다.

"인생은 도박이야. 어차피 도박일 바에야 스릴 있는 도박이 좋겠지."

물론 위의 경우는 극단적인 삶이라고 할 수 있다. 그러나 곰곰이 생각해 보자. 지나간 날 내가 만났던 대부분의 사람들은 정말 우연의 결과가 아니었던가. 더구나 수없는 사람 중에서 한 사람으로 선택된 나의 남편과 나의 아내는 정말 우연이 아닐까.

그러나 나는 절대로 만남이 우연이 아니라고 생각한다. 오히려 만남은 철저한 나의 사전 계획의 결과라고 생각한다. 그 이유는 어디에 있는가? 우선 만남은 일방통행이 아니라 쌍방통행이다. 아무리 이쪽에서 좋아해도 저 쪽에서 싫으면 만남은 이루어지지 않는다. 그 반대의 경우도 마찬가지다. 다시 말해서 상대방은 내가 좋아하는 것들을 가지고 있으며 동시에 나도 상대방이 좋아하는 것들을 가지고 있을 때 만남은 이루어진다. 그리고 좋아하는 것들은 외모, 성격, 지식, 교양 중에서 어느 것일 수도 있다.

내가 상대방을 좋아한다는 것은 그가 이미 내가 좋아하는 것들을 가지려고 부단히 노력해왔다는 뜻이며, 나도 상대방이 좋아하는 것들을 가지려고 부단히 노력해왔기 때문에 그가 나를 진정한 만남의 대상으로 결정한 것이다. 그러므로 만남은 노력의 결과다.

우리는 겉으로 만나기는 했으나 진정한 만남으로 승화되지 못한 경우에서 더욱 쉽게 알 수 있다. 가령 내가 밤낮으로 그리던 백설 공주나 백마를 타고 오는 왕자를 마주쳤다고 가정하자. 그런데 그는 나를 거들떠보지도 않는다. 나는 그를 만날 때까지 그가 좋아할 외모, 성격, 지식 등을 가지려고 노력조차 하지 않았기 때문이다. 그래서 이 경우에 나는 아무리 그에게 매달려도 그는 나를 진정한 만남의 대상으로 삼지 않으며, 결국 나는 짝사랑의 슬픈 주인공으로 남게 된다.

진정한 만남은 노력한 사람에게만 찾아온다. 감나무 밑에서 그냥 감이 떨어지기를 기다리는 사람은 절대로 맛있는 감을 먹을 수 없다. 아무런 노력도 하지 않으면서 그야말로 잘난 얼굴만 가진 남성은 절대로 훌륭한 아가씨를 만날 수 없다. 책은 한 권도 보지 않으면서 온종일 얼굴 화장에만 시간을 보내는 여성은 절대로 지성적 남성을 만날 수 없다. 우선 그런 사람이 내 앞에 나타나도 나는 그의 매력을 보지 못할 것이며, 비록 운이 좋게 그의 매력을 내가 알았다고 하더라도 상대방이 나를 받아주지 않을 것이다.

영어에는 "기다리는 사람에게 모든 것이 찾아온다(Everything comes to those who wait)."는 말이 있다. 그러나 여기서 말하는 기다림은 그저 아무 노력도 하지 않고 기다리는 것이 아니라 꾸준한 노력으로 기다리는 사람을 말한다. 그러므로 진정 사랑할 수 있는 사람을 만나려는 사람은 우선 그런 사람을 만날 수 있는 자신의 격을 갖추기 위해 부단이 노력해야 한다. 노력하지 않는 사람은 절대로 훌륭한 사람을 만날 수 없다.

그러면 노력하는 사람은 언제나 진정한 만남을 갖게 되는가? 교양을 갖추고, 지식을 습득사고, 인격을 연마하려고 진정 노력하는 사람은 모두 백설공주나 백마를 타고 오는 왕자를 만나게 되는가? 반드시 그렇지는 않다. 그래서 우리는 성실히 노력하는 사람이 가끔 나쁜 사람을 만난 경우를 우리 주위에서 쉽게 발견할 수 있다. 나의 친구 H를 포함한 많은 사람들이 인생을 우연의 연속이라고 믿는 이유도 여기에 있다.

여기에 바로 만남의 역설이 있다. 만남은 노력의 결과다. 아무런 노력도 하지 않는 사람은 절대로 진실된 만남을 가질 수 없다. 그럼에도 불구하고 반대는 참이 아니다 왜 그럴까? 나는 그 이유를 한마디로 덕德이라고 말하겠다.

만남의 절반은 노력이다. 그러나 또 다른 절반은 덕의 결과다. 덕이 있으면 좋은 사람을 만나고 덕이 없으면 나쁜 사람을 만난다. 그리고 여기서 말하는 덕은 단순히 외모, 지식, 지성 등이 아니라 모든 사람을 포근하게 해주는 진실, 진리, 지혜를 말한다.

우리가 흔히 사실이 축적되면 진실이 되고, 지식이 증가하면 지혜가 되고, 교양이 높아지면 덕이 된다고 믿기 쉽다. 그러나 항상 그렇게 되는 것은 아니다. 인류의 영원한 스승인 소크라테스, 불타, 공자, 예수, 모하메드와 같은 성인들은 사실, 지식, 교양에서 출발하지 않았다. 그럼에도 그들은 지혜, 덕, 진리를 우리에게 가르쳤던 것이다.

우리 주위에는 남편이나 아내를 잘못 만나서 신세를 망쳤다고 우는 사람들이 너무나 많다. 그러나 그들은 우선 그들이 노력하지 않았던 사실을 후회해야 할 것이며, 그들이 노력했다면 역시 덕이 없어서 나쁜 사람을 만났다고 생각하고 지금부터라도 덕을 쌓도록 노력해야 한다. 그러면 지금까지의 '나쁜 사람'도 '좋은 사람'이 될 수 있다.

만남은 우연인가. 절대로 그렇지 않다. 만남의 절반은 노력이며 노력은 만남의 기본이다. 그러나 다른 절반은 바로 덕의 유무에 달려 있다.

④ 홀로 있음의 외로움과 같이 있음의 외로움

a. 홀로 있음의 외로움

인간은 외롭지 않을 수 없다. 외롭지 않으려고 몸부림치면 칠수록 더욱 외로울 수밖에 없는 존재이다. 그리하여 만남은 언제나 헤어짐을 전제로 하고 있으며, 다시 만남도 다시 헤어짐을 완전히 잊을 수는 없다. 그리고 우리는 모두 언젠가는 죽음이라는 마지막 헤어짐에 슬퍼해야 되고, 이 마지막 헤어짐을 극복하려는 모든 인간의 노력이 물거품과 같다는 것을 깨달음으로써 더욱 슬퍼하게 된다. 인간은 혼자다. 처음부터 끝까지 혼자다.

그럼에도 혹은 그렇기 때문에 인간은 외롭지 않으려고 발버둥치면서 이 세상을 살아간다. 인간은 원래 사회적 동물이며 정치적 동물이기 때문에 서로 모여서 사는 것이 아니다. 인간 실존의 외로움을 조금이나마 잊기 위하여 더욱 정확히 말하면, 잊는다고 착각하면서 살기 위하여 서로 싸우고 질투하면서도 모여 사는 것이다. 인간의 참모습이 외로움이고 그 외로움을 잊으려는 모든 노력이 또한 인간의 참모습이기 때문에 우리는 미워하는 사람, 보기 싫은 놈, 저질 인간, 우리의 자유를 이유 없이 침해하는 놈들과 어울려서 살고 있다.

인간은 외로움에 관한 한 연약한 갈대에 불과하다. 극히 미세한 외로움의 바람이 불어도 몸 전체를 흔들어 댈 수밖에 없는 연약한 갈대에 불과하다. 그리고 우리가 외로움을 벗어나려고 애를 쓰면 쓸수록 더욱 그 외로움의 수렁으로 빠지게 된다. 그것은 마치 곤충이 거미줄을 벗어나려고 몸부림칠수록 더욱 그 그물에 얽히게 되고, 촛불을 향해서 달려드는 불나비와 같다.

그러면 혼자 있다는 것(to be alone)이란 무엇인가? 그것은 아무 것에도 속해 있지 못하고 떨어져 있다는 것(to be separate)이다. 친구, 애인, 남편, 아내, 부모, 절대자, 자기 자신으로부터 떨어져 있는 상태다. 그리고 인간은 이렇게 떨어져서 혼자서 살아야 하기 때문에 외로움을 느끼고 불안하고 죄책감을 동반하지 않을 수 없다. 미국의 사회심리학자인 프롬(Erich Fromm)은 이렇게 말한다.

"떨어져 있음의 경험이 불안을 만든다. 그 경험이야말로 모든 불안의 근원이다. 떨어져 있다는 것은 인간이 그의 능력을 사용할 수 있는 아무런 힘도 없이 잘려 나왔다는 것(to be cut off)이다. 떨어져 있음은 인간을 무기력하게 만들고, 이 세상의 모든 사물과 인간을 능동적으로 파악하지 못하게 만든다. 이 세상의 침범에 대하여 아무런 대책도 세우지 못하게 만든다. 그러므로 떨어져 있음은 지독한 불안의 근원이다. 그리고 그것은 인간에게 수치심과 죄책감을 불러일으킨다."

그러나 연약한 갈대인 인간은 동시에 '생각하는 갈대'이다. 그는 어떻게 이 외로움의 수렁을 벗어날 수 있느냐를 생각하기 시작했다. 어떻게 빼저린 외로움을 조금이라도 감소시킬 수 있느냐를 생각하기 시작했다. 그리하여 그는 홀로 있음이 외로움을 만들어 내며 그 외로움을 극복하려면 홀로 있음(to be alone)을 같이 있음(to be together)으로 대체시켜야 된다고 믿게 되었다. 그리고 홀로 있음에서 나오는 불행을 '외로움'이라고 부르듯이, 같이 있음에서 나오는 행복을 '사랑'이라고 이름을 붙였다.

자신과 타인을 의식하고 자신과 타인이 영원히 떨어져 있다는 것을 의식할 때 수치심이 생긴다. 그러므로 모든 인간은 그들이 서로 떨어져 사는 동안에는 언제나 '영원한 타인' 일 수밖에 없다. 언제나 모르는 사람(strangers)일 수밖에 없다. 그리고 그 떨어져 있음의 원인을 언제나 남에게 전가시킨다. 즉 사랑으로 재결합하지 않고 떨어져 있다는 것만을 의식함이 바로 수치의 근원이며 동시에 불안과 죄책감의 근원이다.

b. 같이 있음의 비영속성

그러면 인간은 외로움을 감소 · 망각 · 극복하기 위하여 구체적으로 어떤 형태의 같이 있음을 추구하는가? 누구와 같이 있음으로써 실존의 본질인 외로움에 대응하려고 하는가? 그리고 어떤 방법으로 같이 있음을 추구하고 있는가?

첫째로는, 부모와 자식의 사랑(love between parents and child)을 들 수 있다. 인간은 누구나 가정의 일원으로서 이 세상에 태어나서 대부분의 경우에는 언젠가는 자신의 가정을 갖게 된다. 그리하여 인간은 먼저 부모와 같이 있고 부모를 사랑함으로써 외로움을 잊는다. 그리하여 맹자孟子는 부모에 대한 자녀의 사랑은 후천적인 것이 아니라 선천적인 것이며, 모든 자녀는 부모를 사랑해야 된다는 것을 알고 있으며, 또한 그들은 실제로 부모를 사랑하고 있다고 말했다. 그러나 어린애는 아무런 이유도 없이 단지 어린애라는 이유 하나만으로 부모의 무조건적인 사랑(unconditional love)을 받으며, 어린애는 그가 무조건적인 사랑을 받기 때문에 동시에 부모를 사랑한다. 어린애에게 젖먹이고 있는 이러한 낭만도 이제는 옛날 이야기가 되어가고 있지만—여인의 미소를 보라. 통통한 어머니의 젖꼭지를 빨고 있는 어린아기의 천진성을 보라. 이것보다 더욱 위대한 같이 있음이 과연 이 세상에 존재할 수 있겠는가? 그리하여 성서는 어린애와 같아야 천국에 들어갈 수 있다고까지 말하지 않았는가?

그러나 어린애는 영원히 어린애로 남아 있을 수가 없다. 어린애는 자라나야 한다. 인간은 이미 '세계내의 존재'로 이 세상에 태어나서 시간의 구속을 받아야 하기 때문이다. 그리고 시간의 속성은 끝없이—계속해서—흘러가는 것이다. 흘러가지 않는 시간은 시간이 아니다. 그리하여 올챙이가 영원히 올챙이로 남을 수 없고 언젠가는 개구리가 되어야 하는 것과 같이, 어린애는 곧 어른이 되어야 하고, 어른이 되면 그렇게도 따스했던 어머니의 품안을 떠나야 한다. 다시 말해서 자녀는 부모의 품을 떠나 떨어져 있는 존재가 되어야 한다.

이 세상의 모든 여자는 다정스러운 어머니(an affectionate mother)가 될 수 있다. 단지 그녀의 자식이라는 한 가지 이유로 그녀의 아들과 딸을 무조건적으로 사랑할 수 있다. 그러나 이 세상의 모든 여자가 진정으로 사랑하는 어머니(a loving mother)가 될 수 있는 것은 아니다. 그녀가 진정으로 자녀를 사랑하는 것은 그녀의 자녀가 조만간 그녀에게서 떨어져 나가야 하고, 그 떨어져 나감을 눈물을 머금고 도와 주고 협력해

주어야 하기 때문이다. 그러므로 자녀의 독립성과 개체성을 인정하려고 하지 않는 어머니는 다정스러운 어머니일지는 몰라도 진정으로 자녀를 사랑하는 어머니는 아니다. 자녀를 언제나 어린애로 취급하는 부모, 자녀를 언제나 부모의 연장으로 간주하는 부모, 자녀의 떨어짐을 도저히 받아들일 수 없는 부모는 아직도 자녀에 대한 성숙한 사랑(mature love)이 아니라 성숙하지 못한 사랑(immature love)을 가지고 있는 것이다.

자녀의 입장에서도, 언제나 부모의 우산 속에서만 활개를 치고 그속에서만 삶의 포근함을 찾음으로써 인간의 운명인 시간성을 깨닫지 못하는 자녀는 '어리광 부리는 어른의 애교'는 가지고 있을지 몰라도 '각자의 성城을 가진 개체'로는 발전할 수 없게 된다. 그리고 부모에 대한 그의 순수한 사랑도 언젠가는 유치한 사랑infantile love이 되고 만다. 어른 아이가 되고 마는 것이다. 프롬은 이러한 사실을 "〈내가 사랑받기 때문에 사랑〉(I love because I am loved)"하는 상태에서 〈남을 사랑하기 때문에 사랑을 받는〉(I am loved because I love)상태로 발전하고, 〈내가 필요해서 너를 사랑〉(I love you because I need you)하는 상태에서 〈사랑하기 때문에 너를 필요로 하는〉(I need you because I love you) 상태로 발전해야 된다고 말한다.

어린애는 자라나야 한다. 그리하여 부모로부터 떨어져야 한다. 부모와 자녀는 영원히 같이 있을 수가 없다. 그러므로 부모와 자식간의 무조건적이며 헌신적인 사랑은 영원할 수 없다.

둘째로는, 친구간의 사랑(love between friends)을 들 수 있다. 부모와 자식간의 사랑이 무조건적인 데 반하여 친구간의 우정은 어디까지나 조건적인 사랑(conditional love)이다. 적어도 우정의 최초의 단계에서는 조건적이 아닐 수 없다. 금전적인 도움, 정보를 얻을 수 있는 친구, 지식을 배울 수 있는 친구, 인격을 배양시켜 줄 수 있는 친구가 아니면 우리는 그 사람을 애초에 친구로 여길 수가 없다. 무조건적인 친구란 있을 수 없다. 물론 우정이 무르익어서 상대방을 도와주는 친구도 있을 수 있다. 그러나 그 관계도 부모와 자식간의 사랑과 같이 무조건적일 수는 없다. 그리하여 우리는 "궁핍할 때 도와주는 친구가 진정한 친구."(Friends in need are real friend)라고 말한다.

물론 소년기의 우정이 아니라 성인과 성인간의 우정은 처음부터 각자의 개체를 인정했던 사랑이기 때문에 반드시 세월이 흘러감에 따라 그 강도가 퇴색해지지는 않는다. 그리하여 부모와 자식의 사랑은 임시적이지만 우정은 영원하다고 주장하는 사람도 있다.

그러나 인간은 언제나 변하는 존재이다. 변화가 없는 삶은 죽은 삶이다. 그리하여 인간은 언제나 변하게 마련이고 오늘에 가치 있는 것을 내일에는 가치가 없는 것으로 간주할 수도 있다. 친구보다 더욱 귀중하다고 생각되는 명예, 권력, 이성이 나타날 수도 있고, 우정보다는 자신의 생물학적 및 정신적 생존을 더욱 긴박한 것으로 여길 수도 있다. 그리하여 인간은 가치관, 중요성, 인생관, 세계관, 국가관, 이성관을 언제나 변화시키면서 살게 마련이다. 그리고 이렇게 변하는 삶 속에서 우정의 열정이 식어갈 수도 있고, 더 나아가서는 상대방에 대하여 환멸을 느낄 수도 있다.

우리는 언제나 우정의 귀중함을 역설한다. 그것은 우정이 그만큼 지속적이기가 힘들다는 반증이 아닌가? 원칙적으로 우정의 상대는 숫자적으로 제한될 필요가 없다. 나의 자녀만을 사랑하는 부모의 사랑과는 달리, 이 세상의 모든 사람이 나의 친구가 될 수 있다. 그럼에도 우리는 "많은 친구를 가진 사람은 진정한 친구가 없는 사람"(The man who has many friends has no real friends)이라고 말하지 않는가? 그리고 그 이유는 우정의 현실적인 영속성의 불가능을 증명하는 말이 아니가?

물리적인 시간으로 따지면 우정은 부모와 자식 간의 사랑보다 오래 지속될 수 있다. 그러나 우정은 어디까지나 조건적이기 때문에 상변하는 인간의 관념은 언제나 변하게 마련이고, 변하는 관념 속에서 우리의 우정은 깨어지고, 우리는 다시 〈남과 남〉의 자리로 돌아가기 쉽다. 우정은 영원한 같이 있음이 될 수 없다.

셋째로는, 이성간의 사랑(love between man and woman)을 들 수 있다. 어머니와 자녀간의 사랑이 한 몸이 두 몸이 되는 과정인데 반하여, 이성간의 사랑은 두 몸이 한 몸이—적어도 원칙적으로는—되는 것이다. 그리고 우정이 포괄적인 사랑(inclusive love)이라면 이성간의 사랑은 배타적인 사랑(exclusive love)이다.

수많은 여성과 남성을 전부 사랑할 수 없고 그 중에서 꼭 한 명만을 사랑해야 되기 때문이다.

그리하여 우리는 한 사람의 줄리에트와 한 사람의 로미오를 찾기에 온 정력을 쏟는다. 진정으로 사랑할 수 있는 매력있고 멋있고 경제력이 있고 지성적인 이성을 선택하려고 고민하고 눈물을 짓는다. 그리고 천신만고 끝에 선택한 사랑의 대상이 우리의 기대에 어긋나거나 혹은 우리를 완전히 속였을 때 배신, 후회, 원망, 복수의 칼을 뽑아 든다.

더구나 수많은 사람 중에서 평생 동안 살을 섞으면서 살아갈 한 사람을 선택하는 일이야말로 일생일대의 큰 일이 아닐 수 없다. 그리하여 우리는 상대방의 성격을 따지고, 재산을 계산하고, 가문을 조사하고, 초등학교 시절의 성적표를 열람하고, 건강진단서를 요구하기도 한다. 그리고 일단 우리의 사랑의 대상이 결정되면 우리가 지금까지 추구해 온 안정, 행복, 사랑, 포근함. 평온함을 얻게 되고 죽을 때까지 외롭지 않게 지낼 수 있다고 믿는다. 괴로운 선택의 장章이 끝나고 행복의 장이 도래할 것이라고 믿는다.

그러나 우리가 과연 나의 삐에로를 발견했다고 장담할 수 있을까? 저 사람이 과연 나의 아상의 인간이라는 것을 어떻게 알 수가 있는가? 인간은 다른 인간을 완전히 알 수가 없다. 그저 어느 정도 안다고 생각하고—대부분의 경우는 착각에 불과하지만—있을 뿐이다. 10년을 사귄 파트너가 연애의 만족한 대상이었으면서도 결혼의 나쁜 대상이 될 수 있는 이유도 여기에 있다. 그리하여 우리는 "부부는 평생을 살아도 남." 이라고 말하지 않는가?

더 나아가서 이성간의 사랑은 섹스를 동반하기 때문에 〈새로움〉에 대한 호기심과 동경심이 깃들어 있다. 그리하여 우리는 왕왕 섹스와 사랑을 동일시하고, 새로운 상대를 찾아서 영원히 방황하는 돈 환이 될 수도 있다. 새로움을 사랑의 본질로 여기는 사람은 언제나 다음 번의 사랑은 새로울 것이라는 환상을 버리지 못한다. 그리하여 '혹시나'하는 기대는 언제나 '역시나'로 끝나게 마련이다.

이성간의 사랑은 죽음이라는 이별이 오기 전에도 지속적일 수가 없다. 부모와 자식간의 사랑이나 친구간의 사랑과는 달리 언제나 완전한 사랑—그런 사랑은 존재하지 않는다는 것을 너무나 잘 알면서도—을 추구하기 때문이다.

그러나 인간은 다른 인간을 육체적으로나 정신적으로 완전히 알 수도 없고 완전히 사랑할 수도 없다. 사랑 싸움, 부부싸움, 이혼이 인간의 일상사인 이유가 바로 여기에 있다. 얼마나 이성간의 사랑—그 중에서도 가장 밀도가 높아야 할 부부간의 사랑—이 허구적이면 부부 싸움은 없는 것보다는 있는 것이 좋다는 역설까지 만들어 놓았겠는가. 이성간의 사랑에도 영속성은 존재하지 않는다.

c. 같이 있음의 외로움

그러나 우리가 조금 더 생각해 보면 문제가 여기서 끝나지는 않는다. 우리는 과연 부모의 곁에 있을 때 언제나 행복한가? 친구와 춤을 추고 술을 마실 때 과연 외로움을 잊을 수 있는가? 사랑하는 연인과의 키스에서 과연 사랑만을 느끼는가? 도리어 여러 사람과 같이 일하고 생각하고 행동할 때 더욱 외로움을 느끼지는 않는가?

먼로(Harold Monro)는 이렇게 말했다. '우리는 얼마나 외로울 것인가? 그대가 없는 나. 나 없는 그대. 우리는 과연 무엇을 할 것인가?',그러나 실제로는 '그대와 같이 있는 나'와 '나와 같이 있는 그대'가 더욱 외로움을 느끼지 않는가? 너와 같이 있기 때문에 나는 더욱 외로움을 느끼지 않는가? 군중 속의 외로움. 같이 있을 때의 외로움. 그것은 혼자 있을 때의 외로움보다 몇백 배나 더욱 짙은 외로움이다.

그리하여 도로우(Henry David Thoreau)도 '우리는 집에서 홀로 있을 때보다도 여러 사람과 섞여 있을 때 더욱 외로움을 맛본다. 일하는 사람과 생각하는 사람은 모두 홀로 있는 것'이라고 말했다.

필자 자신의 예를 들자. 나는 오랫동안 외국생활을 하면서 외로움에 대한 일종의 체념을 터득하고 있었다. 에뜨랑제로서 느끼지 않을 수 없는 슬픔, 괴로움, 외로움, 눈물, 상사병에 대한 자위책을 가지고 있었다. 외국에 사는 한 나는 언제나 외국인일 것이며, 이민족과 사는 한 나는 언제나 영원한 타인일 것이다. 언젠가는 고향으로 돌아 갈 것이며, 언젠가는 고국으로 귀환할 것이다. 그때까지는 어쩔 수 없는 이 외로움을 나 혼자서 이겨내야 한다. 탕자가 아버지의 품을 찾을 때까지는 방탕을 하지 않을 수 없었던 것과 같이. 그리고 나도 언젠가는 고향과 조국에서 지난날의 외로움을 추억으로 간직하면서 외롭지 않는 세월을 보내리라.

굉장한 결심을 하고 12년 만에 고국으로 돌아왔다. 그러나 나의 가슴 속을 전부 털어 놓을 수 있는 친구, 학생, 애인, 선배, 스승은 없었다. 육체와 육체의 단순한 마찰이 아닌 영혼과 영혼의 깊은 대화의 상대자는 없었다. 그러고 보면 처음부터 너무 커다란 기대를 가졌던 내가 잘못이었다. 인생이란 그저 그렇고 그런 것인데. 왜 나는 어리석게도 조국엘 가면 나의 외로움이 아픈 상처가 사라지듯이 없어지리라고 생각했던가. 참으로 어리석은 일이어서 허황된 망상이었다. 그러고 보면 외국에서의 생활과 한국에서의 생활에는 아무런 차이가 없는 것이다. 그저 인간은 어디를 가든지 외로운 존재로 이 세상을 살아야 하는 것이다.

그럼에도 내가 한국에서 갖는 외로움은 옛날의 외로움보다

몇백 배나 짙은 것이다. 나는 분명히 친구, 학생, 애인, 선배, 스승이 될 수 있는 수많은 사람들과 같이 살고 있으면서도 영혼과 영혼 만나는 대화를 못하고 있기 때문이다. 같이 있음의 외로움. 그것은 혼자 있음의 외로움과는 비교도 되지 않는다. 그리하여 나는 아우스런더(Joseph Auslander)의 시를 읊지 않을 수 없었다.

이제는 아무 말도 남지 않았다.
모든 것이 끝났다.
템버린은 음악을 끝내고
클라리온의 나팔도 끝나고
머리를 쓰다듬던 사랑도 사라지고
다만 어제의 외로움으로 돌아갔구나.

우리는 모두 모여서 살고 있다. 세계는 바야흐로 하나의 세계가 되어 강 건너 불이란 있을 수 없다. 20세기의 로빈슨 크루소란 있을 수 없다. 모두가 엉키고 설키어서 살고 있다. 그러나 우리는 남의 말을 들으면서도(hear) 경청(listen)하지 않고, 나의 말을 내뱉으면서도(utter) 진정으로 말하지(speak) 않는다. 수많은 로봇의 집합일 뿐이다.

인간은 외로운 존재다. 혼자 있어서 외로운 것이 아니다. 같이 있어도 외롭고, 같이 있으면 더욱 외롭다. 연인이 없을 때보다는 있을 때가 더욱 외롭고, 남편이나 아내가 없을 때보다는 있을 때가 더욱 외롭다. 외로움이란 인간이 영원히 떨쳐 버릴 수 없는 고질병이며 페스트인 인간의 분신이다.

d. 홀로 있음, 같이 있음, 외로움

필자는 이제 홀로 있음, 같이 있음, 외로움, 외롭지 않음의 상관관계를 논리적으로 다시 한번 설명하겠다. 그리고 이 상관관계에서 어떤 교훈을 얻을 수 있는가를 고찰하겠다.

첫째, 많은 사람들은 홀로 있음이 외로움의 필요 · 충분조건이라고 믿고 있다. 홀로 있으면 반드시 외롭게 마련이고, 홀로 있을 때 외롭지 않다는 것은 모순된 개념에 불과하다고 믿고 있다. 그리고 반대로는, 외로움은 언제나 혼자 있는 상태에서만 가능하다고 믿고 있다. 홀로 있으면 외롭고, 외로우면 홀로 있는 것이라는 상념을 가지고 있다.

그러나 이러한 생각은 틀린 것이다. 이미 지적한 바와 같이 외로움은 홀로 있음에서뿐만 아니라 같이 있음에서도 유래되기 때문이다. 같이 있을 때 오히려 더욱 외로움을 느낄 수도 있기 때문이다. 그러므로 외로움이 곧 홀로 있음이라는 등식은 성립될 수 없다.

둘째, 그리하여 일부의 사람들은 홀로 있음이 외로움의 필요 · 충분조건은 되지 못해도 필요조건은 된다고 믿고 있다. 다시 말해서 홀로 있음이 반드시 외로움을 가져오지는 않지만, 적어도 외로움은 언제나 홀로 있음을 동반한다고 믿고 있다. 그리하여 같이 있음이 반드시 외로움을 극복하는 필요조건이 될 수 있다고 믿고 있다. 발악을 하면서 친구들과 술을 마시고, 악착같이 파트너를 찾으려고 애쓰고, 어쩔 수 없는 당위성으로 자녀와 같이 시간을 보내는 이유도 바로 여기에 있다. 술이 외로움의 문제를 완전히 해결해 줄 수 없다는 것을 모르는 사람은 하나도 없다. 그렇다고 해서 술을 안 마실 수도 없지 않은가? 이것이 바로 우리들의 생활태도다.

그러나 이러한 생각도 잘못된 것이다. 외로움은 혼자 있음에서 나오는 것이 아니라 인간실존 자체에서 나오는 것이기 때문이다. 그러므로 우리는 홀로 있음은 외로움의 필요 · 충분조건이 될 수 없을 뿐만 아니라 필요조건도 될 수 없다는 것을 알아야 한다. 혼자 있어서 외로운 것이 아니다. 인간이기 때문에 외로운 것이다.

셋째, 위에서 언급한 것과 비슷한 이유로 많은 사람들은 같이 있음이 외롭지 않음의 필요 · 충분조건이거나 필요조건이라고 믿고 있다. 그러나 이미 지적한 대로, 같이 있음과 외로움은 아무런 논리적 상관관계를 가지고 있지 않다. 같이 있어서 외롭지 않은 것은 아니며, 같이 있어서 반드시 외로운 것도 아니다. 외롭지 않음은—만일 그것이 가능하다면—홀로 있음이나 같이 있음에서 오는 것이 아니다. 그것은 인간실존이 바로 외로움이기 때문에 그 인간실존을 부정, 거부, 초월하려고 애쓰지 말고, 인간실존의 참모습을 솔직하게—성실하게—받아 들여서 승화시켜야만 가능한 것이다.

넷째, 홀로 있는 것은 같이 있는 것이 아니며, 같이 있는 것은 홀로 있는 것이 아니다. 적어도 물리적으로는 그렇지 않을 수가 없다. 그러므로 홀로 있음과 같이 있음은 반대개념(contrary concepts)이라고 말할 수 있다. 그러나 이미 지적한 바와 같이 그들이 상호모순된 개념(contradictory concepts)은 아니다. 홀로 있으면 반드시 같이 있지 않은 것이 아니며, 같이 있으면 언제나 홀로 있지 않은 것이 아니다. 홀로 있어도 같이 있을 수가 있고, 같이 있어도 홀로 있을 수가 있다. 이것이 바로 홀로 있으면서 같이 있는 상태(to be alone but together)이며, 같이 있어도 홀로 있는 상태(to be together but alone)이다.

이제 우리는 외로움에 대하여 어떤 결론을 내려야 하는가? 인간은 외로울 수 있는 존재가 아니다. 인간은 바로 외로운 존재이다. 언제나 외로운 존재이다. 홀로 있어도 외롭고 같이 같이 있어도 외로운 존재이다. 그리고 그 외로움을 떨쳐 버리려는 모든 인간의 노력은 허사일 뿐이다. 오히려 그 노력은—감행하지 않을 수도 없는 노력임에도 불구하고—더욱 짙은 외로움을 가져올 뿐이다. 원래의 외로움을 더욱 심화시킬 뿐이다. 그러므로 우리는 인간실존을 벗어나려는—혹은 외면하려는—모든 노력에 관한 한 이렇게 고백해야 한다.

헛되고 헛되며 헛되고 헛되니 모든 것이 헛되도다. 사람이 태양 아래서 행하는 모든 수고가 자신에게 무슨 유익을 줄 수 있는가. 한 세대는 가고 한 세대는 오되 땅은 영원히 있도다. 바람은 남으로 불다가 북으로 돌이키며, 이리 돌며 저리 돌아 불던 곳으로 돌아간다. 모든 강물은 다 바다로 흐르되, 바다를 채우지 못한다. 내가 태양 아래서 행하는 모든 일을 보니 다 헛되어 바람을 잡으려는 것이로다. 구부러진 것을 곧게 할 수 없고, 이지러진 것을 셀 수 없도다…내가 다시 지혜를 얻으려고 미친 것과 미련한 것을 배우려고 애를 썼으나 이것도 또한 바람을 잡으려는 것임을 깨달았도다. 지식이 많으면 번뇌도 많아진다. 지식을 더하는 사람은 근심을 더하는 것이다.

e. 외로움, 절망, 죽음에 이르는 병

불행하게도 인간은 그의 짧은 생애를 살면서 여러 가지 병에 시달린다. 감기로부터 불치의 병인 암에 이르는 온갖 병마에 시달린다. 어떤 병은 쉽게 고칠 수 있지만, 어떤 병은 영원히 고치지 못할 수도 있다. 그리고 치유된 다음에도 영원히 지울 수 없는 상처를 남길 수 있다. 그리하여 석가는 태어남, 늙어감, 병, 죽음이 모두 고통이라고 말했다.

그런데 병 중에서 가장 무서운 병은 무엇일까? 그것은 끝까지 고칠 수 없는 병일 것이다.

다시 말하면 죽음에 이르는 병(Krankenheit zum Tode), 죽음에 이르고야 마는 병일 것이다. 예를 들면 우리는 감기의 병균을 정확히 모른다. 그러나 감기 때문에 죽지는 않을 것이라고 믿는다. 그러나 암이나 문둥병은 반드시 죽음을 몰고 온다는 것을 알고 있다. 그러면 암이나 문둥병은 죽음에 이르는 병이 되는가? 키에르케고르(Soren Kierkegaard)에 의하면 암이나 문둥병도 진정한 의미에서의 죽음에 이르는 병은 아니다. 그것들은 우리들의 육체를 죽일 수는 있지만 정신까지는 죽일 수 없기 때문이다. 행복한 문둥병자와 영혼의 즐거움을 노래하는 암환자가 있을 수 있는 이유가 바로 여기에 있다. 그리하여 키에르케고르는 "죽음까지도 죽음에 이르는 병이 아니다." 라는 역설적인 표현을 남겼다. 육체의 죽음은 영혼의 죽음이 아니기 때문이다.

예를 들자. 예수의 발에 향수를 뿌리고 머리털로 닦아 주었던 마리아가 그녀의 형제인 나사로가 병이 들었다고 말했다. 그러나 예수는 "그 병은 죽음에 이르는 병이 아니다."라고 말했다. 그럼에도 불구하고 나사로는 실제로 죽어 버렸다. 그러나 예수는 다시 "우리의 친구인 나사로가 잠자고 있으니, 내가 그곳으로 가서 그를 깨우리라."고 말했다. 나사로에게 있어서 육체의 죽음은 영혼의 죽음이 아니었다. 그리하여 예수는 그의 병이—비록 죽음일지라도—죽음에 이르는 병이 아니라고 선언했던 것이다.

죽음조차도 죽음에 이르는 병이 아니라면 과연 무엇이 죽음에 이르는 병일까? 키에르케고르에 의하면 육체의 죽음보다도 더욱 무서운 병은 바로 절망(despair, hopelessness)이다.

"죽음도 죽음에 이르는 병이 아니다. 더욱이 고뇌, 병, 비참, 고난, 재해, 번민, 우수, 비탄과 같은 이 세상의 슬픔은 모두 죽음에 이르는 병이 아니다. 절망만이 죽음에 이르는 병이다. 절망은 병이며 약이 아니다."

그러면 절망은 왜 죽음보다도 무서운 병이며, 또한 그것은 어디서 오는가?

첫째, 절망은 순간에 끝나지 않는다. 한번만 절망해서 끝나는 것이 아니다. 절망은 영원하다. 그리고 '영원한 것은 다시 돌아온다. 그러므로 인간은 절망하고 있는 순간마다 절망을 더 자초하고 있는 것이다. 절망은 불균형의 결과가 아니다. 절망 자체에 대한 관계의결과로서 나타나는 것이다.'

둘째, 그러므로 절망은 죽음으로서도 끝나지 않는다. '절망의 고뇌는 바로 죽을 수도 없다는 것이다. 그것은 마치 죽음과 싸우면서도 죽을 수 없는 병에 걸린 상태와 비슷하다. 죽음에 이를 정도로 앓기 때문에 오히려 죽을 수가 없는 병이다. 살아날 희망이 없으면서도 죽음이라는 마지막 희망까지도 잃어버린 상태이다. 죽음조차 이룰 수 없다는 희망의 소멸, 그것이 바로 절망이다. 이런 뜻에서 절망만이 죽음에 이르는 병이다.' 그리하여 '절망한 사람은 절망이 자기를 좀먹어 들어가지 않는다는 위안을 가질 수 없다. 오히려 자기를 좀먹어 들어가지 않는다는 사실이 바로 고뇌가 되며, 그 고뇌는 죄책감을 일으키며, 그 죄책감은 삶에 대;한 죄의식을 불러일으킨다. 그러므로 절망하는 사람은 죽을 수도 없다.'

셋째, 절망은 삶의 한 가지 형태—혹은 몇 가지 형태—에 대한 절망이 아니다. 그것은 존재 자체에 대한 절망이며, 삶 자체에 대한 절망이다. 어떤 대상에 대한 절망이 아니라, 단순히 살고 있다는 데서 오는 절망이다. 하이데거(M. Heidegger)의 표현을 빌리면 공포(fear)와 불안(anxiety)의 차이를 들 수 있다. 공포는 호랑이나 귀신과 같은 비정상적이거나 초인간적인 것에 대한 공포이다. 컬러텔레비전이 없다는 사실에서 오는 공포다. 그러나 불안은 대상이 없다. 단지 존재 자체에서 나오는 것이다. 이와 마찬가지로 절망은 단지 살아서 숨을 쉬고 있다는 사실에서 오는 '대상 없는 공포'라고 말할 수 있다.

넷째, 그러면 그렇게 무서운 절망은 어디서부터 오는가? 그것은 바로 인간이면 언제나 느낄 수밖에 없는 외로움으로부터 나오는 것이다. 이미 지적한 바와 같이 인간은 홀로 있거나 같이 있거나를 막론하고 언제나 외로운 존재다. 그러므로 인간은 홀로 있거나 같이 있거나를 막론하고 언제나 절망을 느낀다. 인간은 인간이기 때문에 외롭고, 외롭기 때문에 절망하고, 절망하기 때문에 죽음에 이르는 병에 걸린다. 그리고 이러한 인과의 사슬을 벗어나려는 모든 인간의 노력은 더욱 짙은 외로움과 절망을 초래할 뿐이다.

f. 고적과 고독

그럼에도 우리가 흔히 홀로 있음의 필요성, 홀로 있음의 즐거움, 홀로 있음의 가치성을 주장하는 이유는 무엇인가? 인간이란 원래 외롭고 절망하는 병든 존재며 이 절망을 극복·외면하려는 모든 노력이 헛되고 헛된 것뿐인데 어떻게 홀로 있음의 즐거움을 주장할 수 있는가? 하느님이나 부처님의 은혜를 받아 인간실존의 근본문제를 하루아침에 잊어버릴 수 있단 말인가? 그렇지 않으면 외로움을 느끼고 절망을 느끼는 것 자체가 일종의 환상이란 말인가?

인간의 외로움과 절망은 환상이 아니라 엄연한 현실이다. 그리고 그 수렁으로부터 인간을 구원할 수 있는 존재는 아무도 없다. 선택받은 인간은 존재하지 않는다. '보통 인간'만이 존재할 뿐이다. 그러므로 외로움과 절망은 현실이요 운명이다. 물론 일부의 종교인들이 초자연적인 실재에 의지함으로써 인간실존을 초월하고 있다는 사실을 부정하자는 것은 아니다. 다만 일반적으로 인간은—비록 종교적인 인간일지라도—언제나 외로움이라는 죽음에 이르는 병을 앓고 있다는 엄연한 실존적 사실성(existential facticity)을 부정할 수는 없다는 뜻이다.

구원은—이런 표현이 가능하다면—실존을 외면하거나 극복하거나 초월하는데 있지 않다.

오히려 그 실존을 겸허하게 받아들여서 승화(tansformation)시키는데 있다. 홀로 있음과 같이 있음의 외로움을 동시에 받아들이는 끝없는 고적(loneliness)을 느끼면서도, 그 고적을 다시 인간적인—혹은 초인간적인—차원에서 직시함으로써 고독(solitude)으로 발전 및 승화시키는 데만 구원이 있을 수 있다.

우리는 수많은 고적의 순간(외로운 순간)을 느끼면서 이 세상을 살아간다. 그러면서도 한 번의 고독의 순간도 소유하지 못할 수도 있다. 고적의 순간이 너무나 외롭고 절망적이기 때문에 그 뒤에 숨어 있는 값진 고독의 순간을 놓치기가 쉽다. 이러한 예로서는 오늘날의 젊은이들이 흔히 "혼자 있고 싶다."고 말하면서도 실제로는 애인, 아내, 남편, 광란, 섹스와 같이 있는 상태—남의 눈에 띄지 않는 상태—에 있고 싶어 하는 사실을 들 수 있다. 그러나 구름 뒤에는 언제나 햇빛이 비추듯이 외로운 고적의 구름 뒤에는 언제나 외롭지 않은—결코 외롭지 않은—고독의 순간이 기다리고 있다. 그리고 그 행복의 순간은 문을 두드리는 모든 사람에게 그의 참모습을 드러낸다.

그러면 고적과 고독의 관계는 무엇인가? 고적은 고독의 절대적인 필요조건이다. 고적의 외로움을 뼈저리게 느끼지 않은 사람은 고독의 행복을 느낄 수 없다. 외로운 사람만이 즐거운 고독의 순간을 향유할 수 있다. 고적의 외로움을 지나쳐서 고독의 즐거움만을 먼저 맛보려는 모든 인간은—비록 종교적인 인간일지라도—더욱 깊은 외로움의 수렁으로 빠지기 마련이다. 아픔이 없는 탄생은 존재하지 않는다. 외로움이 없는 즐거움은 존재하지 않는다.

이렇게 보면 인간이 절망이라는 병에 걸릴 가능성과 현실성을 가지고 있다는 것은 커다란 행복이 아닐 수 없다. 인간만이 진실로 절망할 수 있고, 인간만이 진실로 그 절망의 저편에 자리잡고 있는 고독의 즐거움을 맛볼 수 있기 때문이다. 〈절망이라는 병에 걸릴 수 있다는 것은 인간이 동물보다 극히 우수한 장점을 가지고 있다는 뜻이다. 두 발로 서서 걷는다는 사실과는 완전히 다른 뜻에서 인간의 우월성을 증명하는 것이다.〉

절망은 최대의 불행이며 최대의 비참이다. 그럼에도 절망은 인간 최대의 행복이다. 절망 뒤에 숨어 있는 고독의 즐거움을 맛볼 수 있기 때문이다. 다만 절망의 수렁에 빠져서 그 절망 뒤에 있는 고독의 순간을 보지 못하는 한 인간은 영원히 고적할 뿐이다.

그러므로 우리에게 필요한 것은 눈을 크게 뜨는 일이다. 절망 뒤에 도사라고 있는 그리고 언제나 우리에게 손짓을 하고 있는 고독의 존재를 바라볼 수 있는 거시적인 안목을 기르는 일이다.

인간은 외로운 존재다. 혼자 있어도 외롭고 같이 있어도 외롭다. 그리고 외로운 고적은 절망을 낳는다. 그리고 이 병은 죽음으로써도 고칠 수 없다. 죽음까지도 죽음에 이르는 병을 고칠 수 없다. 그럼에도 고적하고 절망할 수밖에 없는 인간은 무한히 행복한 존재가 될 수 있다. 고적은 고독의 순간을 보여줄 수 있기 때문이다.

그리하여 키에르케고르는 이렇게 말했다. “절망은 죽음에 이르는 병이다. 그러나 그 병에 걸린 일이 없다는 것은 최대의 불행이며, 그 병에 걸린다는 것은 참된 하느님의 은혜라고까지 말할 수 있다.”

Ⅳ 유머수필

Ⅳ. 유머수필

① 색소폰 연주

나는 이 글을 쓸 때까지 도천 이동렬(1940-)의 수필을 별로 읽지 않았다. 내가 그를 처음 만난 것은 1997년 수필 세미나에서 그가 섹소폰을 직접 연주하는 장면이었다. 곱슬머리에 단아한 안경, 거기에다가 흰 와이셔츠에 반듯이 맨 나비넥타이. 그야말로 베토벤을 닮은 듯한—혹은 이동렬을 닮은 베토벤을 보는 듯한—표정이었다. 그는 가곡부터 흘러간 옛노래에 이르는 넓은 레파터리로 관중을 완전히 압도했다. 더구나 그는 상담 심리학을 전공한 현직 대학교수가 아닌가.

나는 그의 연주를 듣고 보면서 그에 대한 몇 가지 인상을 갖게 되었다.

첫째, 그는 진정 음악을 사랑하는 사람이다. 그는 색소폰을 연주하면서 관중을 전혀 의식하지 않는다. 그저 자신의 흥에 겨워 즐거울 뿐이다. 관객이 감동하기도 전에 좀 빨리 눈물을 보이는 배우라고나 할까. 그러나 어쩌랴. 음악이 이처럼 좋은 것을.

둘째, 그는 굉장히 솔직한 사람이며, 형식에 얽매인 사람이 아니다. 이것은 그가 연주 중간에 가끔 던지는 포복 절도할 정도의 멘트에 잘 나타난다. 그는 〈자기 사랑〉에서 솔직하게 고백한다. "연주라는 말을 쓰기가 부끄러울 정도의 실력밖에는 안 되지만, '내가 한 것이기 때문에' 혹은 '나의 작품이기 때문에' 애지중지, 정감이 더 가고 열 번 듣고 스무 번 들어도 싫증이 나지 않는 것이다. 베토벤이 있었더라면 그랬을 것이고, 우륵于勒이나 왕산악王山岳이 있어도 그랬을 것이다."

셋째, 그는 유머 감각이 뛰어나고, 또한 실제로 그는 싱거운 사람이라는 말을 들을 정도로 잘 웃는다. 그는 〈웃으며 살자: 임신 원단에〉에서 중국 당나라의 문장가 향산香山 백낙천白樂天의 "있거나 없거나 즐거이 살자."를 인용하면서 이렇게 말한다.

> 우리의 정신적 세계에 낮게 깔린 구름이 되어 우리를 덮고 있는 그 시름에서 잠시나마 벗어나는 가장 쉬운 방법이 있다면, 그것은 그저 바보처럼 웃어보는 게 어떨지.

우리는 마음이 즐거워서 웃을 때도 있지만, 웃고 나면 즐거운 마음을 가지게 되는 경우도 있기 때문이다.

임신년은 원숭이 해라는데, 원숭이는 남의 흉내 내는 데는 둘째가라면 서러운 귀여운 동물―. 이 눈발 날리고 찬바람 부는 캐나다 땅에 와서 사는 우리 교민들도 원숭이의 흉내 내는 기질을 닮아 보자. 우리도 향산을 닮고 장자壯者를 닮아 올해 한 해만이라도 그저 웃고 또 웃고, 배꼽이 빠지도록 웃고 사는 그런 한 해가 되도록 만들어 보면 어떨까. 웃는 집에는 만복이 온다더라.

확실히 작가는, 그다지 우습지도 않은 일도 남이 웃는 것을 보면 자기도 따라서 웃게 된다는 '웃음의 전염성'을 믿는 사람이다. 그래서 그는 어떻게 하면 하루에 1백 번 정도 웃지 않고는 못 배기는 그런 방법을 가르쳐주는 연구가 있었으면 좋겠다고 한다. 설사 속은 썩어서 피눈물이 고이더라도.

② 습노설習奴說

좀 과장해서 표현하면, 요즘 수필 계에 '노설 시리즈'가 요원의 불길처럼 타오르고 있다. 이 시리즈의 일번 타자는 담배를 다룬 〈연노 설煙奴說〉이었는데, 그 다음에는 "방년 65세에 주력이 60년이면서도 한 번도 끊을 생각을 해본 적이 없고, 지금도 그렇다면 자랑거리가 조금 훼손된들 크게 억울할 것도 없다"는 〈주노 설酒奴說〉이 나왔으며, 최근에는 엄처시하를 한탄하면서도 은근히 아내를 자랑한 〈처노 설妻奴說〉까지 나왔다. 아마도 앞으로는 역시 취미 생활을 꼬집는 〈다노설茶奴說〉이나 컴퓨터 중독을 한탄하는 〈컴노설〉도 나올 수 있을 것이며, 남편이나 섹스에 쩔쩔매는 〈남노 설男奴說〉이나 〈성노설性奴說〉도 나올 수 있을 것이다.

그런데 '노설 시리즈'에 속하는 모든 글은 한 가지 공통점을 가지고 있다. 그것은 바로 아무리 끊을라야 끊을 수 없거나, 혹은 건강이나 인간관계를 위해서는 좋지 않다고 믿으면서도 전혀 끊을 생각이 없다는 뜻에서 노예라고 말할 수밖에 없다는 사실이다. 그러므로 여기에 나오는 담배 · 술 · 마누라는 주어가 아니다. 주어는 어디까지나 노예 상태라는 것이며, 그런 상태를 설명하는 방식이 서로 다른 소재를 선택하게 한 것이다.

노예같이 끌려가면서도 그것을 대하는 태도에는 두 가지가 있는 듯하다. 첫째는 아무리 노력해도 끊을 수 없는 사람과 둘째는 끊으면 좋겠지만 뭐 꼭 끊어야 할 필요는 없다고 믿는 사람이다. 대부분의 사람들은 자신이 전자에 속하지 않고 후자에 속한다고 큰소리를 치는데, 〈주노 설〉의 강호형도 예외는 아니다.

황필호 교수의 지론에 의하면 주량은 인격에 비례한다고 한다. 나는 그것이 개똥철학인줄 뻔히 알면서도 그와 인격 대결을 벌이다가 녹초가 된 적이 한두 번이 아니지만 후회하지는 않았다. 하물며 그것이 문명文名에 비례할지도 모르는 마당에 두려울 것이 무엇이랴.

나의 술 마시는 국량이 대개 이런 수준이고 보니 이제는 건강을 염려하지 않을 수 없다. 그래도 나는 그 때문에 검진 한 번 받아보지 못했다. 병원에 가기가 겁이 나기 때문이다. 당장 절주 내지 단주 명령이 떨어질 것이 뻔한데, 그렇게 되면 남은 세월 살아갈 일이 막막한 것이다. 술 못 마시는 강호형이를 누가 뭣하러 불러줄 것이며, 불러줄 사람도 없는 세상을 어떻게 사나.

미욱한 자여, 마시거라, 실컷 마시거라, 그대 이름은 주노酒奴니라.

그러나 나는 '노설 시리즈'의 모든 주인공은 끊지 않는 사람이 아니라 끊지 못하는 사람이라고 믿는다. 그렇지 않다면, 왜 그가 자주 끊으려고 할 것이며, 또한 그 사실을 글로까지 발표하겠는가. 솔직하게 말해서 나는 "술 취하지 않았다고 말하는 사람은 모두 취한 사람."이라는 말은 좀 억울하게 들린다. 그러나 거기에는 일말의 진리가 있다. 이런 뜻에서, 자신이 끊으려면 언제나 끊을 수 있다고 큰소리치는 사람도 실제로는 끊지 못하는 사람일 뿐이다.

문제는 지속적으로 노력해도 끊지 못하는 노예근성에 있는 것이다. 술을 매일 마시고 담배를 매일 세 갑씩 피운다고 해서 노예가 되는 것은 아니다. 내가 아는 조각가 전강호는 거의 매일 술을 마시지만 신년 1월 1일부터는 꼭 일백 일 동안 술에 손을 대지 않는데, 그는 벌써 이 원칙을 거의 10년 이상 지키고 있는 그는 절대로 노예가 아니다.

그러면 노예근성의 본질은 무엇인가? 그것은 습관이다. 한 번 마시거나 피우기 시작하면 거의 습관적으로 계속 마시거나 피우는 습관이다. 그래서 사람들은 습관을 천성이라고 말한 것이다. 예를 들어서 사람들은 흔히 주정뱅이를 향해서 "처음에는 사람이 술을 마시고 그 다음에는 술이 술을 마시고, 마지막에는 술이 사람을 마신다."고 말한다. 옳은 말이다. 나는 주석에서 첫째 단계를 대단히 즐긴다. 그러나 조금 지나면 둘째, 셋째로 넘어간다. 그것이 내가 과거 몇 십 년 동안 해온 습관이기 때문이다.

이런 뜻에서 '노설 시리즈' 에 나오는 모든 글은 '습노설(習奴設)'의 각기 다른 표현일 뿐이다. 내가 원하기만 하면 언제나 노예 상태로부터 벗어날 수 있다고 큰소리치는 사람의 말을 믿지 않는 이유도 여기에 있다. 내가 바로 이런 사람들의 대표자이기 때문이다. 습관은 그리 만만한 존재가 아니다.

후기 : 내가 이 글에서 연노 설과 처노 설보다는 주로 주노설에 대해서만 장황하게 말한 이유는 아주 간단하다. 우선 나는 〈담배와 나, 그리고 담배 수필들〉 이라는 시리즈를 발표한 일이 있지만, 나 자신은 평생에 한 번도 담배를 피운 일이 없다.

그런 내가 어찌 연노 설에 대하여 왈가왈부하겠는가. 또한 나는 아직도 '간 큰 남자'로 살고 있다. 나는 그렇게 생각하지 않지만 아내가 그렇다니까 틀린 말은 아닐 것이다. 그러니 내 어찌 처노 설에 대하여 왈가왈부하겠는가. 물론 처노 설에 대하여 이론을 제기하고 싶은 마음이 전혀 없는 것은 아니지만. 결국 나는 세 편의 글 중에서 나에게 해당되는 주노 설만 가지고 이러쿵저러쿵 지껄일 수밖에 없었던 것이다.

③ 책 제목이 중요한가

한국에서 수필집을 한 권이라도 내본 사람들이 공통적으로 갖는 문제 중의 하나는 제목을 무엇으로 하느냐는 것이다. 아무리 내용이 좋아도 제목이 눈에 띄지 않으면 독자들이 외면하고, 또 내용이 좀 조잡해도 제목이 좋으면 베스트셀러가 될 수 있는 것이 바로 이 땅의 출판풍토다.

나의 첫 번째 수필집 제목은 ≪길 위에서≫였다. 모든 사람에게, 길이 끝나서 목적지에 도달하는 상태보다는 길 위의 과정이 더욱 중요하다고 믿었기 때문이다. 나는 서문에서 이렇게 말했다. 모든 "사람은 삶이라는 길을 걷고 있다. 어떤 사람은 천천히 걷고, 어떤 사람은 부지런히 걷는다. 최선을 다하여 열심히 걷는 사람들에게 이 책을 선사한다."

그러나 ≪길 위에서≫란 제목은 좋지 않다는 것이다. 그래서 다른 출판사에서 수필집 세 권을 낼 때는 ≪삶이 무엇이냐고 묻는다면≫, ≪모든 사랑은 첫사랑이다≫, ≪사랑은 질투가 아니다≫라는 다소 선정적인 제목을 붙였으며, 그래서 그런지는 몰라도 판매량은 첫 번째 수필집보다 훨씬 높았다. 특히 ≪모든 사랑은 첫사랑이다≫는 원래 문고판으로 나왔으며 현재 절판이 되었지만 그 제목에 현혹(?)된 독자들의 구독 신청이 계속되고 있었다. 그러나 나는 이 세 권에 실린 내용과 첫 번째 수필집의 내용 사이에 별 차이가 없다고 생각한다.

다음에 나는 '여성철학 시리즈'로 ≪철학적 여성학 : 꽃과 별의 만남을 위하여≫와≪산아제한과 낙태와 여성해방≫(편역)에 이어 KBS-TV '여성 초대석'의 사회를 보면서 취급한 문제들을 묶어서 책을 내기로 했다. 웬일인지는 몰라도 당시에 나온 수필집의 제목은 굉장히 긴 것이 유행이었다. 결국 나는 출판사의 강권에 못 이겨 ≪울고 있던 그녀가 어느새 주먹을 꼭 쥐네≫라는 희한하게 긴—그래서 저자인 나도 잘 외울 수 없을 정도로 늘어진—제목을 쓰기로 했다. 그러나 전혀 팔리지 않았다. 내가 보기에 이 책의 내용은 그 전에 나온 어떤 수필집보다 좋다고 생각하지만. 결국 나는 출판사의 건의를 받아들여서 한 번은 이익을 보고 한 번은 손해를 본 셈이다. 역시 세상사는 공평하기 마련이다.

그 후 나는 ≪나는 '아니오' 라고 말하는 여자가 좋다≫ ≪여자는 왜 결혼하는가≫ ≪나는 뛰는 여자가 좋다≫는 세 권의 여성 관계 수필집을 냈는데, 물론 그 제목들은 출판사의 권고를 따른 것이었다.

그러나 나는 이 세 수필집에 관한 한 독자들에게 한 가지 죄책감을 가지고 있는데, 이것을 설명하려면 우선 이른바 베스트 셀러 작가들과 그들을 부추기는 출판사가 공모한 우리나라의 출판 풍토 세 가지를 지적할 필요가 있다.

첫째, 요즘에는 '신작 에세이집'과 '대표 에세이집'이 공존하고 있다. 후자는 이미 발표한 에세이집들의 여기저기서 뽑아낸 것을 짜깁기한 것이다. 그러니까 좀 팔리는 수필집 3~4권을 낸 사람은 손도 까떡하지 않고 출판사 직원들에 의해 다시 2~3권의 대표 에세이집을 낼 수 있다. 인기가 있는 사람일수록 더욱 이런 일이 잦다. 이것은 분명히 한국에서만 볼 수 있는 출판계의 고질병이다. 나는 여러 번의 유혹에도 불구하고 이런 행동은 아직 하지 않았다. 그러므로 나의 여러 수필집에서 비슷한 글이나 동일한 내용을 발견할 수 있다면 그것은 전혀 나의 의도가 아니라 나의 역량 부족인 것이다.

둘째, 요즘 베스트 셀러 작가들은 하나같이 내용도 없는 미문美文의 대가다. 그저 재미있게만 쓰면 소설이 되고, 아름답게만 쓰면 수필이 된다는 식이다. 나는 별로 미문을 쓰려고 애쓰지는 않았다.

셋째, 요즘 독자들은 무조건 '부담없이 읽을 수 있는 책'을 원한다. 조금만 어려워도 골 때린다는 것이다.

이런 독자들에게 영합하다 보니 요즘에는 책에 활자가 꽉 차 있으면 부담이 간다는 것이다. 그래서 모든 쪽의 3분의 1은 백지로 남긴다. 또 종이는 가장 비싸고 두꺼운 종이를 쓴다. 그리고 책이 두꺼우면 또 잘 안 팔린다. 사정이 이쯤 되고 보니, 옛날에 한 권을 만들 수 있는 분량의 원고면 이제 두 권을 충분히 만들 수 있게 되었다. 내가 발표한 세 권의 수필집이 바로 그런 것들이다. 결국 나는 출판사측에 "이거, 너무 속 보입니다." 고 말하면서도 "교수님은 원고를 쓰고 장사는 우리가 합니다." 라는 출판사의 상업적 권유를 그대로 받아들였던 것이다. 대표 에세이 풍토와 미문제일주의 풍토를 물리치려고 무던히도 애쓴 내가 무조건 가볍게 만들어야 잘 팔린다는 상업주의에 굴복하고 만 것이다.

이런 생각을 한 나는 다시 두꺼운 수필집을 내기로 결심했다. 요즘의 얄팍한 에세이집 3~4권을 낼 수 있는 정도의 원고량을 한 권으로 내기로 결심했다. 그리고 내용도 정말 알맹이가 있는 것만 출판하기로 했다. 그렇게 해서 나는 또 다른 출판사에서 ≪자기 철학을 가지고 살려는 사람에게 : 삶의 철학, 일의 철학≫ ≪이런 철학으로 살고 싶다≫를 출판했으며, 최근에는 나의 대중문화론을 한국의 현역 스타들의 인터뷰를 통해 서술한 ≪누가 최고 스타인가 : 대중 철학자가 본 한국의 대중 스타들≫을 출판했으며, 그 중의 한 권이 수필문학상을 타게 되었다.

나는 수필문학진흥회가 장정이 예쁘고 활자가 선명하고 잘 팔리는 수필집보다는 내용이 있고 정말 문학성이 있는 수필집을 찾으려고 고심하고 있다고 믿는다. 그리고 진흥회의 이런 노력은 형식만능주의가 판을 치는 한국 문단에 하나의 도전장이 될 수 있을 것이다. 물론 수상작으로 결정된 ≪이런 철학으로 살고 싶다≫가 그런 수준의 수필집은 결코 아니지만.

④ "나는 웃는다, 그러므로 존재한다."

사실 웃음이란 인간에게만 있는 고유한 현상이다. 물론 풀랑케(1796-1880)는 상징적으로 "나는 고양이를 웃게 만들겠다." 라고 말하기도 했으며, 동양에서도 "돼지는 가끔 웃는다." 고 말하기도 한다. 그러나 전자는 어디까지나 문학적인 표현일 뿐이며, 후자의 경우에는 입속이 텁텁하여 돼지가 마치 웃는 듯한 표정을 지을 뿐이다. 또한 우리나라 민화에는 웃는 호랑이의 그림도 있지만, 그것은 어디까지나 웃음을 권장하려는 것이었다.

인간만이 웃을 수 있다. "저 말이 웃는다." 는 표현이야말로 웃기는 표현이 아닐 수 없다. 그리하여 우리는 인간을 생각하는 동물, 종교적 동물, 사회적 동물, 도구를 만드는 동물 등과 마찬가지로 웃는 동물이라고 말할 수 있다. 프랑스 작가인 라블레(F. Rabelais, 1494-1553)가 "웃음은 인간에게 고유한 것"

이라고 말한 이유도 여기에 있다. 인간은 웃는다. 그러므로 존재한다.

웃음에도 여러 가지 종류가 있다. 우선 치과의사의 기준에 의하면 이를 전부 내보이는 파안대소破顔大笑가 있고, 이를 절반쯤 보이는 중도형 웃음이 있고, 이를 전혀 뵈지 않는 모나리자형의 웃음이 있다. 그리고 얼굴에 주름이 생기지 않으려면 모나리자의 웃음을 웃도록 노력해야 한다고 말한다. 그러나 일반적으로 웃음은 큰 웃음 · 작은 웃음 · 쓴웃음 · 비웃음으로 나눌 수 있다. 큰 웃음이란 얼굴을 활짝 펴고 웃는 파안대소, 손바닥을 치면서 웃는 박장대소拍掌大笑, 마구 터져 나오는 폭소爆笑, 목을 놓고 웃어대는 너털웃음이다. 작은 웃음이란 잔잔한 미소, 눈으로만 살짝 웃는 스마일, 겉으로 나타나지 않는 속웃음이다.

쓴웃음(bitter smile)이란 시큰둥해서 웃는 웃음, 기가 막혀서 웃는 웃음인데, 어린애가 어른이나 쓸 수 있는 어려운 문자를 썼을 때나 무식한 사람이 유식한 척하고 행동할 때에 쉽게 접할 수 있다. 끝으로 비웃음은 쓴웃음과 비슷하지만 약간 다르다. 쓴웃음은 주로 상대방의 실수를 보고 웃는 웃음이지만, 비웃음은 상대방이 고의로 아는 척 잘난 척, 못난 척, 훌륭한 척할 때 짓는 웃음이다.

특히 철학에서는 희랍의 데모크리토스와 타인의 약점을 명쾌하게 지적한 쇼우(G. B. Shaw)를 '웃는 철학자'라고 말하는

데, 그것은 쓸데없이 비실비실 웃는다는 뜻이 아니라 상대방의 결점을 예리하게 비웃을 수 있는 사람이라는 뜻이다.

또한 우리는 너무 웃다가 눈물을 흘리기도 하고 오줌을 지리기도 하는데 실제로 웃음과 생리와는 밀접한 관계가 있다. 우선 사람은 평상시보다는 웃을 때 맥박이 더욱 빨라지며 너무 오랫동안 웃으면 실제로 눈물이나 오줌을 싸기도 한다. 특히 여성의 요도는 남성의 것보다 짧아서 오줌을 지리기가 쉽다는 말도 있다. 그리고 너무 웃어서 허리가 아프거나 골치가 아픈 것도 자연적인 현상이며, 웃으면서 먹는 음식은 울면서 먹는 음식보다 소화가 잘 된다고 한다. 그래서 과학자들은 아마도 앞으로 소선笑腺을 인공적으로 자극시켜서 위장병 환자를 계속 웃김으로써 소화 능력을 증진시킬 수 있을 지도 모르겠다.

① 종로서적 추억

② 감사의 말씀

③ 임이여, 안녕히 가십시오

④ 문화사랑이란 무엇인가

— 자유중국 기행(1997년 1월 9일-13일) —

Ⅴ. 행사수필

① 종로서적 추억

95년의 역사를 가진 한국 지성계의 터줏대감인 종로서적이 2002년 6월 2일 최종 부도 처리되고 말았다. 한때는 하루 4만 명이 오르내리는 사람들의 잦은 발길에 눌려 3층까지의 대리석 계단이 모두 집시바닥처럼 되었던 곳이다. 특히 70년대 지하철 1호선이 개통되었던 시절에는 수많은 서울시민의 '약속의 장소' 로 손색이 없었다.

내가 종로서적과 처음 인연을 맺은 것은 늦게 공부를 끝내고 한국으로 돌아온 지 2년이 되는 1980년이었다. 나는 이 해에 ≪소크라테스, 공자, 석가, 예수, 모하메드 (칼 야스퍼스)≫ · ≪석가와 예수의 대화 (캐린 듄)≫ · ≪종교철학 개론

(존 힉)≫을 종로서적에서 출판했는데, 당시에는 '두꺼비'라는 애칭으로 통용되던 조성헌 부장이 출판을 담당하고 있었다. 훌륭한 수필가며 사진작가이기도 한 그는 과묵하면서도 일을 적극적으로―그리고 긴 안목으로―밀고 나가는 타입이었다.

나는 첫 번째 책에서 "모든 종교는 나름대로의 독특성을 가지고 있지만 그 독특성이 바로 절대성을 의미하는 것은 아니다." 라고 선언했으며, 두 번째 책에서는 "기독교인의 입장에서 석가는 그리스도의 길을 예비한 선구자며, 불교인의 입장에서 예수는 석가의 진정한 후계자." 라고 선언했으며, 세 번째 책에서는 "모든 종교는 그들이 결국 인간을 위해 존재한다는 점에서 서로 만날 수 있다." 고 선언했다. 즉 나는 이 세 권의 책에서 내가 지금까지 탐구해 온 종교철학의 방향을 미리 예시한 셈이다. 그래서 그런지는 몰라도 이 세 권과 역시 종로서적에서 1986년에 펴낸 ≪철학적 여성학 : 꽃과 별의 만남을 위하여≫는 종로서적이 출판 사업을 중지해서 절판이 될 때까지 스테디셀러를 유지하고 있었다.

내가 종로서적에서 펴낸 저서와 역서는 11권이 된다. 나는 그 중에서 한두 권을 다른 출판사에서 다시 증보판으로 펴냈지만, 대부분은 아직 절판으로 남아 있다. 물론 나는 그들을 다른 출판사에서 다시 발행할 수는 있겠으나, 그러려면 다시 손질을 해야 하고, 또한 나는 지난 책을 다시 쓰기보다는 새로운 책을 쓰고 싶어서 쉽게 손을 댈 수가 없다. 하여간 글을 많이 쓰는 사람은 한 출판사에 너무 많은 원고를 주지 않는 것이 좋다는 어느 친구의 말이 떠오른다.

나는 종로서적을 철저히 믿고 있었다. 그래서 다른 출판사에서 나온 책에는 어김없이 인지를 붙이면서도 종로서적에서 나온 모든 책에는 그렇게 하지 않았다. 인세 처리도 깔끔했고, 영업 분위기도 마음에 들었다. 더구나 종로서적과 같은 대형 출판사가 망할 것이라는 생각은 꿈에도 할 수 없었다.

한국인 중에서 한 출판사에서 11권의 책을 낸 저자가 있을까. 별로 많지 않을 것이다. 그런 뜻에서 나는 종로서적의 최대 피해자가 아닐 수 없다. 그러나 다른 면에서 보면 나는 종로서적의 최대 수혜자다. 나의 둘째 아이가 막 망가지려고 할 때 당시 종로서적 사장인 이철지 씨는 나에게 거창고등학교를 소개해 주었으며, 결국 나의 아이는 이 명문 고등학교를 졸업하여 현재는 건실한 사회인으로 살고 있다. 그에게 다시 감사를 드린다.

동시에 나는 종로서적의 몰락에 대하여 눈물만 흘리지는 않는다. 나는 이 불행한 사건으로부터 한 가지 훌륭한 교훈을 얻을 수 있다고 믿기 때문인데, 나는 그 내용을 이렇게 표현하고 싶다. "열심히 노력하라, 노력하지 않는 사람은 절대로 성공할 수 없다. 그러나 노력하는 모든 사람이 성공하는 것은 아니다. 노력을 해도 그 시대에 맞게 노력해야 한다. 물론 현실을 무조건 따라가야 된다는 뜻은 아니다. 다만 모든 문제는 현재로부터 제기되고, 현실 속에서 해결되어야 한다는 것이다. 새 술은 새 통에 담아야 한다." 나는 종로서적에 대한 추억을 영원히 간직하고 있을 것이다.

② 감사의 말씀

숨이 턱턱 막힐 정도로 복잡한 서울의 교통 체증, 갑자기 몰아닥친 추위, 그리고 번갯불에 콩 볶아먹듯이 바쁜 일정에도 불구하고, 지난 2002년 11월 16일 토요일 오후 4시 서울 강남의 코스모타워 3층 예식장에서 있었던 저희들의 못난 아들의 결혼식에 참여해 주신 모든 분에게 진실로 감사의 말씀을 드립니다. 특히 제주, 청주, 진주, 춘천 등의 지방뿐만 아니라 외국에서 이 결혼식을 위해 일부러 나오신 여러분에게 더욱 감사의 말씀을 드립니다. 그리고 직접 왕림해 주신 서영훈 대한적십자사 총재님 · 강남대학교 윤신일 총장님 · 정신과의사 송수식 박사님 등의 내외 귀빈에게 감사를 드리며, 아름다운 대형 화환을 보내주신 강남대학교 윤도한 이사장님 · 동국대학교 송석구 총장님 · 한국화장품 김두환 사장님 · 호서대학교 강석규 명예총장님 · 굿모닝 신한증권 도기권 사장님께 감사를 드리며, 주례를 해 주신 황경식 교수님에게도 감사의 말씀을 드립니다.

저는 평소에 이런 농담을 해 왔습니다. 혹시 인생이 늦어서 고민하는 사람은 저를 보면 위로를 받을 것이라고 말입니다. 생각해 보면, 저와 같이 늦게 공부를 시작하여 늦게 학위를 받고 늦게 대학 교수가 된 사람도 많지 않을 것입니다. 제가 이번 학기를 끝으로 정년을 합니다만, 아마도 저는 국가에서 교육 공무원에게 주는 그 흔한 훈장 하나도 받지 못하게 될 것 같습니다. 훈장을 받으려면 최소한 20년을 공직에 봉사해야 되는데, 저는 그것이 모자란다는 것입니다. 저는 늦깍이 인생입니다.

또한 저처럼 늦게 결혼을 하고 늦게 아이를 갖고 자식을 결혼시키는 사람도 별로 많지 않을 것입니다. 그래서 저는 조금이라도 젊게 보이기 위해, 그리고 제 자식이 진정 원하기도 해서, 결혼식장에 나갈 때 '털 깎인 삼손' 이 되었습니다. 한 20여 년 이상 길러 왔던 수염이며, 그래서 참으로 원치 않았던 털 깎였습니다. 그러나 자식을 위해 부모가 할 수 없는 것이 이 세상에 어디 있겠습니까.

이번 결혼식은 가능한 한 제 자식의 남녀평등적 의견을 최대한으로 따르는 원칙에서 성사되었습니다. 그러다 보니, 겉으로 보기에는 일반 결혼식과 별로 다르지 않지만 내용적으로는 좀 독특한 결혼식이 되었습니다. 혹시 여러분에게 결례가 되었다면, 넓은 사랑으로 이해해 주시고 용서해 주십시오.

잘 웃고 명랑하면서도 삶에 대한 강력한 의지를 가지고 어떤 난관도 헤쳐나갈 수 있을 듯한 첫째 며느리를 맞이하는 개혼식, 이 즐거운 날에 저는 자꾸 눈물이 앞을 가립니다. 청상과부로 평생을 혼자 사시다가 1983년에 소천하신 어머니 생각이 나기 때문입니다. 그 분이 여기에 계셨다면 얼마나 즐거워하시겠습니까. "어버이 살아실 제 섬기기 다 하여라."는 말이 저의 가슴을 때립니다.

여러분이 아시다시피, 저는 종교철학을 전공하는 학자입니다. 그리고 저의 진정한 학문 여정은 지금부터 시작이라고 굳게 믿고 있습니다. 그러나 저는 동시에 인간이 아무리 성실하게 노력해도 결국은 하느님의 은혜 안에서 살 수밖에 없다는 사실을 굳게 믿고 있는 종교인입니다. 진인사대천명이라는 말과 같이, 인간은 최선을 다해 노력하지만 그 노력의 성사 여부는 결국 하느님에게 달려 있다고 믿는 신앙인입니다. 저는 이런 인생관을 이번에 결혼한 저의 자식 내외에게 심어주려고 앞으로도 계속 노력하겠습니다. 그것이 이 못난 애비가 그들에게 줄 수 있는 최선의 선물이라고 믿기 때문입니다.

경건한 소크라테스는 끊임없이 진리를 탐구하면서도 언제나 '신이 허락한다면'이라는 단서但書를 붙이고 살았습니다. 신의 허락이 없이 어찌 인간의 노력만 가지고 진리에 도달할 수 있겠습니까. 윤동주 시인의 표현을 빌리면, 우리가 정말

'죽는 날까지 하늘을 우러러 한 점 부끄럼이 없기를' 바란다면, 우리는 먼저 '잎새에 이는 바람에도 나는 괴로워했다' 고 생각해야 할 것입니다.

그래서 '사랑의 장' 이라는 별명을 가지고 있는 ≪고린도 전서≫ 13장은 이렇게 말합니다. "사랑은 오래 참고, 사랑은 온유하며, 투기하는 자가 되지 아니하며, 사랑은 자랑하지 아니하며, 악한 것을 생각하지 아니하며, 불의不義를 기뻐하지 아니하며, 진리와 함께 기뻐하고, 모든 것을 참으며, 모든 것을 믿으며, 모든 것을 바라며, 모든 것을 견디느리라."

이번에 결혼한 황우중과 조윤경, 그리고 못난 저희들을 위해 계속 기도해 주십시오. 열심히, 그러면서도 겸손히 살려고 노력하겠습니다. 내내 행복하십시오. 2002년 11월 16일

③ 임이여, 안녕히 가십시오

내가 정박아의 아버지인 재일 교포 석홍원(釋弘元, 1922-2007)을 처음 접하게 된 계기는 ≪종교신문≫의 어느 논설위원이 일본 후지산 해발 650미터의 영기스런 산록에 위치한 그를 직접 찾아가서 인터뷰한 기사를 본 것이다. 기사의 내용 중에는, 그가 거주하는 곳의 공식 명칭은 '후지산富士山 · 홍원사弘願寺 · 백두산白頭山 성령교회聖靈教會' 라는 긴 이름이며, 그가 매주 예배드리는 예배당 겸 법당에는 석가 · 노자 · 예수가 함

께 모셔져 있고, 그는 원래 경봉鏡峯 스님을 은사로 출가하여 몇 10년 동안 불교의 성직자로 살다가 69세의 나이에 다시 미국 장로회신학대학을 졸업해서 기독교의 목사가 된 분이라는 것이다.

나는 지금까지 성직자로 살다가 환속한 종교인들을 꽤 만났다. 그러나 한 종교의 성직자가 다른 종교의 성직자가 된 경우는 이번이 처음이며, 더구나 희한한 것은 그가 다른 종교의 성직자가 되면서 이전 종교의 성직을 완전히 포기한 것이 아니라 여전히 두 종교의 성직자로 생활하고 있다는 사실이다. 그래서 나는 그를 '운목雲牧님'이라고 부른다. 종종 선승 목사禪僧牧師로 불리는 그는 분명히 불교의 철저한 운수납자雲水納者이면서 동시에 기독교의 목사牧師이기 때문이다.

나는 평소에 내 생애의 마지막 신앙 운동으로 '각종 성당' 혹은 모든 종교를 화합시킨다는 뜻에서의 '화종 성당'을 운영하여, 배타적인 한국 종교계에 작은 기여라도 하고 싶었으며, 나는 나의 이런 바람을 가까운 친구들에게 호소하기도 했다. 이를테면 매월 첫째 일요일에는 철저한 불교 법회를 올리고, 둘째 일요일에는 철저한 개신교 예배를 올리고, 셋째 일요일에는 철저한 카톨릭 미사를 올리고, 넷째 일요일에는 철저한 유교 예배를 올리는 식으로. 그러나 타종교에 대한 배타성 자체를 자신의 신앙의 척도로 치부하는 한국적 상황에서, 나의 이런 꿈은 그저 실현될 수 없는 꿈으로 남아 있었다. 그런데 나는 이번에 이런 일을 직접 실천하고 있는 분을 알게 된 것이다.

나는 평소에 개종改宗보다는 가종加宗을 주장해 왔다. 만약 어느 종교인이 지금까지 최고의 진리로 믿어왔던 한 종교의 모든 신앙 체계를 깡그리 버리고 전혀 새로운 신앙 체계를 받아들이는 것이 개종이라면, 그런 개종은 존재할 수 없으며, 결국 우리는 종교 신앙에서도 '이것이냐 저것이냐'의 양자택일보다는 모든 종교로부터 진리를 배울 수 있는 '이것도 저것도'의 경지를 추구해야 하며, 여기서 종교 신앙은 단절적斷絕的으로 되지 않고 누적적累積的으로 된다. 즉 새로운 종교를 만나면 만날수록 나의 영적 신앙심은 더욱 깊어지게 된다. 결국 나는 그의 처소를 직접 방문하게 되었고, 그 견문기를 ≪신종교 연구≫(제10집, 2004년)에 발표하게 되었다.

그런데 나는 갑자기 홍원 님의 아내며 전도사인 후루사와 지에꼬古澤千技子로부터 한통의 편지를 받았다. "사실은 후지노미야 시립병원에서 투병 중이던 이철 목사님이 2007년 12월 20일날 오후 6시 5분에 타계하셨습니다. 생전에는 여러분께서 따뜻한 기도의 성원을 주셔서, 분단 조국을 떠나 이국에서 사시는 목사님이, 얼마나 큰 위로를 얻었는 지 모르겠습니다. 깊이 감사드리는 바입니다."

"항상 '생애 청춘으로 120세까지 현역으로 살겠다.'하시고, 그 전에는 조금 병에 걸리셔도 바로 회복이 되어서 활동을 계속해 오셨습니다. 이번에도 처음에는 본인 자신도 그리 걱정을 안 하셨는데, 이상하다 싶어서 정밀 검사를 받았더니 그 결과가 나왔을 때는 이미 때가 늦어 말기 악성 위암이었습니다. 한국에서는 자연 요법으로 병을 고치는 선생님이, 도쿄에서는 단전 호흡법 선생님도 방문하여 치료해 주셨으나, 그 노력에도 불구하고 병 상태는 빠른 속도로 악화되어 갔습니다. 그리고 12월 16일 날에 의사의 충고를 받아 근처 시립병원으로 입원하였습니다. 하루 8시간씩 점적주사를 맞는 침대 생활이 되어, 책을 좋아하시는 목사님답게 베개 옆에 몇 권 책이 있었으나 보실 힘이 없으셨습니다."

"12월 20일 아침에 통증이 심해져, 간호사들이 달려와 목사님은 개인실로 옮겨갔습니다. 그 때는 주사와 약의 힘으로 통증은 가라앉았는데, 저녁때부터 다시 아프기 시작하였습니다. 선생님은 평온한 표정으로 창가 하늘의 한점을 바라보고 계셨습니다. '목사님! 목사님! 뭘 보고 계십니까' 물어봐도 대답은 없었습니다. 그 상태로 목사님은 돌아가셨습니다. 입원하신지 5일째였습니다.".

이제 운목 님은 가셨다. 수많은 일을 시작만 한 채. 남북통일은 언제 어떻게 될 것인가. 휴전선 근처에 세우려던 지체장애인을 위한 홍원 님의 꿈은 어떻게 될까. 이제 우리는 그가 남긴 일을 더욱 열심히 해야 할 것이다.

④ 문화사랑이란 무엇인가

— 자유중국 기행(1997년 1월 9일-13일) —

1949년 철저한 반공주의자, 직업군인, 전 재산을 포기한 거부, 일반 피난민으로 구성되 수백만 지지자들을 데리고 본토에서 철수한 장개석 총통의 나라. 60년대 말에도 타이뻬이 한복판에 25센트(약 2백 원)짜리 쇼트타임이 가능했지만 현재는 한국보다 더욱 높은 GNP로 자랑하고 있으며, 외환이 너무 많아서 고민하는 나라. 그러면서도 일반 국민의 삶은 전혀 사치스럽지 않는 나라. 또한 중국 본토의 미사일 공격에 대해서도 "중국인은 중국인을 때리지 않는다." 中國人不打中國人는 신념을 굳게 믿고 있는 나라. 그래서 역대 중국 황제들의 보물이 전시되고 있는 고궁박물관 근처는 절대로 공산주의자들도 공격하지 않을 것이라고 믿기 때문에 땅값이 가장 비싼 나라.

원래 대만은 포모사(Formosa)라는 별명을 가지고 있다. 이 말은 이곳에 처음 도착했던 포르투갈 탐험대의 '아름다운 섬(Ilha Formosa)이라는 표현에서 나온 것이다. 확실히 자유중국은 아름다운 나라다. 수도 타이뻬이의 용산사龍山寺와 양민산 공원, 30여만 점의 국보가 전시되어 있는 국립고궁박물관, 우라이의 푸른 호수와 산지족山地族, 천 년의 미소를 담은 불타좌상이 있는 원통사, 시시때때로 그 색깔이 변하는 르이웨딴日

月, 북해안의 흰 백사장, 까오슝의 춘취까오春秋閣, 마치 번개가 대리석 절벽을 뚫고 지나간 듯한 타이루까오 계곡, 미니보다 더욱 섹시한 치빠오 걸치고 거리를 활보하는 꾸냥. 확실히 자유중국은 자연과 문화가 모두 아름다운 나라다.

내가 수필문우회가 주최한 한중 수필가 교류의 일원으로 타이페이 장개석 국제공항에 도착한 것은 날씨가 꽤 쌀쌀한 정월 초순이었다. 월남에서 일했던 1960년대부터 홍콩과 대만을 자주 방문했으니, 아마 이번 여행이 거의 5~6번째는 된 것 같다. 그러나 최근에는 중국 본토를 다니느라 꽤 오랜만에 들른 것이다.

공항에서 시내로 들어오면서 본 차창 밖의 풍경은 별로 달라지지 않았다. 하루가 다르게 변하는 중국의 심천 특구나 조선족이 많이 사는 연변과는 달리, 대만은 문자 그대로 여전如前하다. 대만은 왜 이렇게 변하지 않을까. 왜 서울 시내와 같이 높은 건물들은 들어서지 않을까. 그리고 우리보다 훨씬 잘 살면서도 왜 그들의 아파트는 아직도 저렇게 우중충한가. 여기서 시간은 정지된 것이다.

저녁에는 자유중국 문인들과의 간담회가 있었다. 우리 쪽에서는 수필문우회 회장인 김태길 교수 · 수필문학진흥회의 이응백 교수 등 19명이 참석했으며, 중국 측에서는 중앙일보의 장익신章益新 주필 · 행정원 신문국의 손대성孫大成 교수 · 유명한 칼럼니

스트인황영무黃永武교수 · 미국에서 《詩》(Poetry Currents)라는 잡지의 발행인으로 있으면서 중국 부인과 대만 부인과 현재의 미국 부인 사이에서 파란만장한 삶을 영위하고 있는 군인 출신 팽방정彭邦楨 시인 등이 참석했으며, 통역은 수필문우회 부회장인 허세욱 교수가 맡았다. 허 교수는 일찍이 청년 시절에 이곳에서 시인으로 데뷔했다니까 아마도 한국보다는 자유중국에 더 많은 친구를 가지고 있을 정도로 중국 통이며, 그런 생각을 하고 보니 그의 외모까지 전형적인 중국인이었다.

간담회의 첫 번째 질문은 신문과 문화의 관계에 대한 것이었다. 중국의 《중앙일보》가 매일 2페이지를 문화에 할애할 정도로 문화면 중심으로 제작되고 있으며, 그 문화면도 그들이 '산문散文'이라고 부르는 수필이 주종을 이루고 있다는 것이다. 이것은 우리나라의 《문화일보》조차 문화면을 주로 연예 · 오락으로 채우는 한국의 경우와는 너무나 다른 현상이다.

물론 《중앙일보》는 정부 기관지의 성격을 띠고 있어서 자연히 정치나 경제보다는 문화에 중점을 두고 있다고 말할 수 있으며, 일반 문예지보다 신문사가 매년 신문에 실렸던 최고의 작품들을 모은 단행본을 제작해서 신속성과 작품성을 동시에 추구하고 있기 때문이라고 말할 수도 있다. 그러나 우리가 이런 점들을 고려한다고 해도, 문화가 신문의 중심이 된다는 것은 그리 흔하지 않은 일이다. 만약 한국에 그런 일간 신문이 있다면, 우리는 그것을 '신문'이라고 부르지 않고 '구문'이라고 부를 것이다. 이 문제에 대한 중국 문인들의 답변과 생각은 다음과 같다.

첫째, 중국은 이미 3천 년 전의 ≪시경≫부터 근대의 호적 · 임어당 등에 이르는 유구한 문학 전통을 가지고 있다.

둘째, 더 나아가서 중국은 이런 문인의 전통을 무관武官보다 문관文官을 중시하는 문자 그대로의 문민정부에 의해 유지되어 왔다. 특히 자유중국은 중국의 문화혁명과 같은 반문민정부적 회오리에 시달린 적이 없다.

셋째, 이런 문민전통은 과거에 끝나지 않고 오늘날도 현대인의 생활과 가장 밀접한 관계를 유지하고 있다. 문인이 아닌 장사꾼조차도 일상 대화에서는 고전을 자주 인용한다.

넷째, 끝으로 대부분의 문인들은 이제 문학을 위한 문학보다는 자아 표현을 위한 문학이라는 실용성을 추구하고 있다. 과거의 정치와 문학은 그대로 현재의 모형이 되는 것이 아니라 그것을 온고이지신溫故而知新해야 되는 것이다. 여기서 '온' 은 '뜨겁게 한다.' '기름칠을 한다.' '새 생명을 불어 넣는다.'(reanimate)는 뜻을 갖는다.

간담회의 남은 시간에는 주로 수필의 서정화, 여성화, 매명화賣名化가 논의되었다. 이 점에 대하여는 자유중국과 한국의 차이가 별로 없다는 결론에 도달했으나 그 해결책에 대하여는 토론할 시간이 없었다. 원래 국제 교류나 국제회의라는 것이 언제나 이런 식이지만, 우리는 우선 너무 피곤하고 배가 고팠던 것이다. 금강산도 식후경이다.

그러나 과연 그럴까? 요즘 우리는 "금강산도 식후경" 이라는 말을 경제제일주의를 옹호하는 구호로 사용하고 있지 않은가. 그리하여 돈만 있으면 문화 따위는 없어도 잘 먹고 잘 살 수 있다고 믿는 것은 아닐까?

VI
여행수필

Ⅵ. 여행수필

① 나는 불교가 좋다

나는 전통적인 장로교 집안에서 태어나서 유아 세례를 받았다. 그러므로 나의 신앙도 자연히 배타성을 전제로 하는 신앙이었다. 그리하여 조상에게 제사를 지내는 일은 우상을 숭배하는 것이며, 하느님의 아들도 아닌 불타의 불상에 절을 하는 것도 우상 숭배라고 철저하게 믿고 있었다. 그리하여 중·고등학교 시절에 소풍이라도 가면, 반드시 스님의 옷자락을 강제로 붙잡고 우상 숭배를 떨쳐버리고 진정한 진리의 길—기독교의 길—을 따르라고 언성을 높이곤 했다.

물론 대부분의 스님들은 나의 이러한 치기를 그저 잠잠히 지나치곤 했다. 그런데 한 번은 좀 동정심이 많은 스님이 이렇게 질문을 했다. "그래, 그 이유가 무엇인가?" 나는 얼씨구나 좋다하고 무려 1시간 가령 열변을 토했다. 그러나 그 스님은 "자 나는 이제 우상 숭배하러 가겠소. 학생은 진리 쪽으로 가시오." 라고 말하면서 자리를 뜨려고 했다. 나는 그 늙은 스님을 강제로 앉게 하고 다른 곳으로 가지 못하게 했다. 진리도 아닌 것을 위하여 고기도 먹지 못하고 절에서 고생만 하는 그분을 어떻게 해서라도 회개시키기 위해서였다.

그러나 이러한 나의 배타적인 신앙은 그 후에 여러 가지 회의를 몰고 왔다. 우선 이론적인 면에서 보면, 대학에서 종교를 공부하면 할수록 예수 이전에 태어난 모든 인간과 그 이후라도 예수의 이름조차 듣지 못한 사람은 어떤 천당엘 갈 수 있느냐는 문제가 나를 괴롭혔다. 물론 여기에 대하여 기독교는 나름대로의 답변을 가지고 있다. 이를테면 이방인의 경우는 '양심재판'을 받는다는 것이다. 그러나 이러한 답변의 정당성을 찾으면 찾을수록 이던지 모르게 만족한 답변이 될 수 없다는 의구심이 일어나곤 했다.

그러나 나에게 직접적인 회의를 갖게 한 것은 언젠가 친구들과 같이 절 구경을 갔던 경험이었다. 마침 초파일이 얼마 남지 않았으니 한 번 구경을 가자는 것이었다. 물론 나는 이왕이면 우상을 숭배하는 곳보다는 다른 곳으로 가자고 말했다. 그러나 친구들의 등쌀에 못 이겨 산을 올랐다. 이름도 없는 작은 절이었던 것 같다. 마침 어둠이 서서히 깔리고 있었다.

가까이 갔으나 독경소리도 들리지 않았으며 목탁 두드리는 소리도 들리지 않았다.

문틈으로 안을 들여다보았더니 촛불에 비친 부처상뿐이었다. 물론 귀신의 얼굴을 보는 기분이었다. 다시 돌아서려고 할 때, 나는 한 귀퉁이에서 열심히 절을 하고 있는 한 여인이 있다는 것을 발견했다 그리고 나는 다소곳이 한복을 입고 절을 하다가 부처상을 쳐다보는 그녀의 눈에서 어떤 진지함 같은 것을 읽을 수 있었다. 저런 용모의 여인이라면 아이를 낳게 해달라고 절을 해대는 무식한 여인 같지는 않았다. 그렇다고 해서 애인의 변심으로 세상을 비관하여 자살하기 직전의 여인 같지도 않았다. 숭고하면서도 겸손한 얼굴, 짙은 화장을 하지 않았는데도 역력히 볼 수 있는 커다란 눈망울, 절을 하고 일어섰다가 다시 절을 하는 행동이 공기를 해칠까봐 조심을 하는 듯한 정적함. 아, 저 여인은 어떻게 부처님 앞에서 저렇게 당당할 수 있을까. 나는 여기서 생전 처음으로 내가 불교를 진정 좋아할 수 있는 가능성을 깨닫게 되었다.

그런데 몇 년 전 초파일이 되던 날에 전라도 땅에서도 유수한 절엘 놀러 갈 기회가 있었다. 이것은 그야말로 장사꾼들의 모임과 다름없었다. 예수가 성전의 장사꾼들을 몰아냈다는 성서의 기록이 생각날 정도였다. 돈의 액수에 따라 크기가 다른 등, 그것도 플라스틱으로 대량 생산된 등, 남대문 시장보다도 시끄럽고 어수선한 분위기, 나는 그 속에서 30 여년 전 이름없는 절에서 고요히 예불을 하던 그 여인의 얼굴을 찾아볼 수 없었다.

종교가 토착화라는 미명 아래 문명화를 실천하고, 문명화라는 미명 아래 서양화를 실천하고 있다는 느낌이 들었다. 기독교의 대형화 현상과 물량주의를 비난하는 불교가 바로 기독교를 그대로 따르고 있다는 생각을 떨칠 수가 없었다. 내년의 초파일은 우리에게 또 하나의 고통을 다시 첨가하지 않기 바란다. 그리하여 불교에 대한 나의 사랑이 점점 성장하기를 바란다.

현재 나는 종교 복수주의을 따르고 있기 때문에 개종開宗보다는 가종加宗을 선호한다. 여기서 나는 자연히 모든 종교를 사랑하게 되며, 그럼에도 불구하고 현실적으로는 어느 한 개의 종교를 더욱 열심히 믿게 된다. 이런 사실은 세계의 영적 지도자인 달라이 라마의 친견에서도 잘 볼 수 있었다.

> 황필호 : "그렇다고 해서 종교 복수주의자가 모든 종교를 동일하게 사랑한다는 뜻은 아닙니다. 그에게도 더욱 더 사랑하는 종교가 있고, 덜 사랑하는 종교가 있게 마련입니다. 예를 들어서 여기에 두 여인을 사랑하는 한 남자가 있다고 합시다. 그렇다면 그는 두 여인을 동일한 강도로 사랑하는가. 절대로 그렇지는 않을 것입니다. 어느 점에서는 분명히 첫째 여인보다 둘째 여인을 더욱 사랑하는 부분이 있을 것입니다. 그렇지 않다면 그는 두 여인을 사랑하지 않았을 것입니다. 그런데 저는 아무래도 기독교

보다는 불교를 선택할 것 같습니다. 어느 경우에는 기독교의 타력신앙보다 불교의 자력수양이 더 맞을 것 같기도 하기 때문입니다. 그러나 현재 저는 절에 다니지 않으며 그 대신 매주 일요일에 교회를 갑니다. 그 이유는 아주 간단합니다. 저의 아내가 독실한 기독인이기 때문입니다. 만약 그녀가 불교인이라면 나는 법당에 나갈 것입니다. 성하님, 제가 잘 하고 있는 것입니까? 그렇지 않으면 잘못 생각하고 잘못 실천하는 것입니까?"

달라이 라마: "나는 괜찮다고 생각합니다. 황 교수님은 다른 사람의 사고 방식을 존중할 줄 아는 사람입니다. 교수님 생각에 전적으로 동의합니다. 복수주의는 모든 종류의 종교 전통에 대한 존경을 의미합니다. 그리고 종교인들이 서로 다른 종교를 믿는 사람들에게 개종을 강요해서는 안 된다는 의미도 포함합니다. 좋은 태도라고 생각합니다."

이제 나는 분명히 말합니다. 불교가 기독교보다 좋다고. 적어도 논리적인 방향에서 본다면.

② 드디어 달라이 라마를 만나다

티베트 망명 정부의 수반, 전 세계에 흩어져 있는 티베트 난민의 유일한 희망, 정치나 폭력보다는 비폭력의 고양을 통해 세계 평화를 추구하는 노벨 평화상 수상자, 현존하는 사람들 중에서 가장 인기가 있는 월드 스타, 그러면서도 신비스러운 환생의 고리를 그대로 잇고 있는 인물, 70이 넘은 나이에도 불구하고 매일 경전과 일반 서적을 탐독하는 살아 있는 인류의 스승.

그 본이 만면에 웃음을 띠고 초라하기 짝이 없는 회견장 안으로 들어오고 있다. 때는 2005년이 저물어가는 12월 17일 오후 1시경이다. 우리는 두 손을 합장하고 그를 기다린다. 드디어 그는 달덩어리와 같은 후광도 없이, 우리와 똑같은 소박한 한 인간으로 나의 앞에 앉는다. 우리의 거리는 2미터가 조금 넘을 정도다. 나는 뛰는 가슴을 진정하면서 벌떡 일어나 영어로 단독 회견의 서두를 시작한다.

우리는 이미 영어로 친견을 진행하기로 결정했던 것이다. 통역에 의존하면 시간을 많이 소비할 뿐만 아니라 감동의 직접 전달이 자주 끊어질 수밖에 없기 때문이다. 성하의 영어 실력은, 일부 단어의 발음이 뚜렷하지 않을 때가 있지만 개념 분석에 대하여는 나의 능력을 훨씬 능가한다.

성하와 마주앉는 순간 나는 당황하였다. 그러나 내가 당황한 진정한 이유는 그에 대한 두려움 때문이 아니다. 나는 어떤 일에도 두려움이 없는 성격을 가지고 있다.

그런데 성하의 의자와 내 의자의 높이가 같은 것이 아닌가. 내가 어떻게 감히 성하와 동일한 높이에 앉을 수 있단 말인가. 이건 아무래도 무엇인가 근본적으로 잘못된 것 같다.

그래서 나는 당황한 것이다.

"위대한 성하님, 저는 지난 1년 동안, 아니 오래 전부터 오늘이 오기를 학수고대했습니다. 오늘 성하님을 뵙게 된 것은 저의 큰 영광입니다. 이 만남의 추억은 제가 이 세상을 떠날 때까지, 혹은 가능하다면 이 세상이 끝난 다음에도, 나의 마음 속에서 영원히 떠나지 않을 것입니다. 이렇게 성하님을 직접 친견하다는 사실 자체가 저에게는 큰 축복입니다."

"이제 저를 소개해 올리겠습니다. 저의 이름은 황필호이며, 서양인들은 쉬운 호칭을 사용하여 필립황이라고 부릅니다. 저는 한국에 있는 강남대학교의 대우교수이고, 저의 전공은 종교철학이며, 특별히 관심이 있는 분야는 분석철학 및 비교 종교철학입니다. 동시에 저는 월간 ≪우리 길벗≫의 편집고문으로 봉사하고 있습니다. 잡지의 제목인 '우리 길벗'은 '우리 같이 여행하는 동반자'(we travelling companions)라는 뜻입니다."

"이제 회견을 정식으로 시작하기 전에 한국식의 삼배로 성하님에 대한 저희들의 존경심을 감히 표현하겠습니다. 그러나 저 자신은 척추 관절염이 심해서 제대로 절을 할 수 없사오니 양해해 주시기 바랍니다."

내가 여기까지 말하자 성하는 옆에 있는 젊은 통역관 승려에게 딱 한 가지를 질문한다. 그것은 바로 '분석철학'이 무엇이냐는 것이다. 그만치 그의 영어 실력은 출중하다. 우리는 사전에 직접 대화하기로 하였지만 만일을 위해 티베트인 통역관과 한국인 통역관을 대동하고 있었다. 한국인 통역관인 박은정 씨는 티베트 불교대학에서 5년째 수학하고 있는 독실한 불교인이다.

③ 백두산님, 당신에게 유감이 많습니다

요즘 우리나라 사람들은 모두 연변을 통해서 백두산과 천지를 찾다 보니 마치 그 길이 예부터 있었던 것으로 착각하고 있습니다. 그러나 만주 쪽 등산길이 열린 것은 1905년 이후의 일이며, 오늘날 남한 사람은 북한사람이나 중국의 조선족보다 가장 멀리 돌고 돌아서 백두산을 찾아가고 있습니다. 참으로 백두산은 '들으면 병, 안 들으면 약'이 될 정도로 우리 한민족에게는 슬픈 곳입니다.

더구나 천신만고 끝에 찾아가서 천지의 고운 얼굴을 훔쳐보지도 못한 사람은 병 중에도 아주 중병을 앓게 됩니다. 오직 천지의 맑은 물만이 치료할 수 있는 병입니다.

앞에 소개한 시인김철도 〈네 얼굴좀 보자〉에서 이 병을 앓았습니다.

네 얼굴 좀 보자
네 얼굴 좀 보자
황홀한 너를 두고 하도 소문이 자자하기로
널 보자 천 리길 찾아왔건만
왜 그러느냐 요 매정한 것
운무 속에 숨어서 너 종시
나타날 줄 모르느냐
안타까워라 이대로 돌아서다니
내 여기 돌이 되어 굳어진들 어떠하리
그래서 천문 봉이 내 곁에 바위로 굳어지고
백운 봉이 우뚝 서서 널 노상
굽어보는 거지

네 얼굴 좀 보자
네 얼굴 좀 보자
천지야 그랑 말고 어서
살쭉 웃어다오
오, 누가 그랬던가
세상에 감춘 미소가 더 예쁘다고

조선족 안내원으로부터 이 시를 듣게 된 우리 일행 중의 한 사람인 시인 이생진은 그에 대한 화답으로 〈그럴 줄 알았다〉 고 말했습니다.

그럴 줄 알았다 그럴 줄 알았다
나라고 네 얼굴 보고 가라 하겠네만
널 보고픈 마음 장백송 가지에
새소리로 두고 간다

그래도 다시 올 기회 있으랴만
또 와서 네 앞에 선들
그때라고 네 얼굴 보여주겠니

아니다, 아니다 그게 아니다
북경 청진 장춘으로 온 것이
너의 비위 거슬렸다면
이 다음엔
개성 원산 청진으로 돌아오마
그때는 맑은 물 고운 몸매 바라보고
언덕길을 뛰어내려 얼싸안고 울리라
아니면 너 혼자 외로운 날
새 한 마리 날아와 네 몸 스쳐가거든
그 게 임이라고 꽃처럼 반겨라
그 게 임이라고 꽃처럼 반겨라

백두산님.

정말 유감이 많습니다. 그러나 생각해 보니 그것은 당신의 잘못이 아닙니다. 중국 땅을 돌아서 찾아오는 우리들의 정성

부족, 통일된 뒤에 북한 땅을 밟고 직접 찾아오라는 당신의 간절한 염원, 그리고 분단의 설움이 사라진 나라를 만들어야 하는 우리 한민족 모두의 의지를 되살리라는 메시지가 아닙니까.

백두산님, 당신에게 유감은 조금도 없습니다.

④ 자연과 초자연

모든 사람은 자연의 아름다운 경관에 경탄을 내지른다. 아무리 도척과 같이 마음이 굳은 사람이라도 아름다운 꽃을 사랑하지 않는 사람은 없다. 그래서 빼어난 경관을 찾은 사람들은 "높은 산은 느낌이다."라는 바이런의 시를 읊기도 하며, "절벽 하나, 산 하나, 바다 하나, 강 하나를 보면 모든 것을 본 것이다"라는 버튼의 말을 되새기기도 한다.

그러나 여기에 바로 종교인과 보통사람의 차이가 있다. 보통사람들은 "참 아름다워라!"를 외친다. 그러나 종교인들은 거기서 그치지 않는다. 그 다음에 다시 '주님의 세계는'이라고 말한다. 그러니까 아름다운 자연은 단순한 자연이 아니라 그것은 동시에 하느님의 세계, 부처님의 조화, 브라만의 출현이라고 믿는다. 그래서 섬의 시인 이생진은 자연을 '신의 사자'라고 말한다.

자연은 정직의 대명사다. 산이 거짓말하는 것 봤느냐. 바다가 나쁜 짓을 함께 하자고 유혹하는 것을 봤느냐. 구름이 남의 집 담을 넘자고 하더냐.

자연은 거짓말하지 않는다. 거짓말하는 것은 사람밖에 없다. 먹고 마신 빈 깡통과 빈 병을 나무 밑에 숨긴다. 이 때 나무가 내려다보고 웃는다.

사람이 깨끗한 척해도 산 나무만큼 깨끗할까. 그 깨끗하고 정직한 나무 밑에 빈 그릇을 숨기려는 것은 자연을 무시하는 짓이요 자기 양심에 진흙을 바르는 짓이다.

신이 보는 것이 아니라 나무가 보고 있는 것이다. 나무는 신이 보낸 파수꾼이다……. 자연은 너의 친구요 스승이요 신이 보낸 사자다.

그렇다고 해서, 종교인들이 자연을 초자연으로만 보는 것은 아니다. 그들은 그것을 자연이면서 동시에 초자연으로 보는 것이다. 그러니까 종교인들은 보통 사람들보다 하나를 더 본다고 말할 수 있다.

분석철학의 슈퍼스타인 비트겐슈타인(Ludwig Wittgenstein)은 종교인들의 이런 태도를 '…로 경험한다.'(experiencing as…)는 개념으로 설명한다.

종교인은 산을 오르면서 나무와 풀과 숲을 본다. 그러나 그는 동시에 그것을 부처님의 조화로 본다. 이런 뜻에서 그의 행위는 '종교적으로 본다.'(seeing as religious)고 말할 수 있다.

또한 기독교인은 구약에 나오는 역사적 기록을 단순한 역사책으로 보지 않고 동시에 그것을 하나님의 역사로 본다. 여기서 그는 특수한 방식으로 보는 것이며, 그의 이런 행위는 다시 '종교적으로 본다'는 개념으로 설명할 수 있다.

구약성서의 예언자들은 그 당시의 사건들을 한편으로는 이스라엘과 인접 국가와의 교차에서 일어나는 사건으로 보고 다른 한편으로는 하나님이 그가 택한 백성을 인도하고 지도하고 훈련시키고 벌을 줌으로써 그의 모교를 이해시키는 도구로 본다. 세속적인 역사학자들에게는 단순히 정치-경제-사회-지역적인 사건이지만, 예언자들에게는 수세기에 걸친 하나님과 인간의 대화를 표상하는 사건이다. 예언자들은 하나의 가정을 세우고 그 가정을 거꾸로 지나간 사실에 맞추는 역사철학을 시도한 것이 아니다. 그들은 구원의 역사 속에 살고 있다고 믿었기 때문에, 그들은 실제로 일어난 사건들을 그대로 경험한 것이다. 그들은 하느님이 직접 이 세상에서 역사하고 있다고 믿는다. 그들은 그 당시의 상황을 하느님이 직접 임재한 순간으로 경험한다. 그리하여 어느 구약 주석가는 이렇게 기록한다. "예레미아는 갈대아의 군사 뒤에는 야웨가 그들을 위하여 싸우고 있으며, 그들을 통하여 하느님이 택한 이스라엘을 공격하고 있다고 보았다."

하나의 사건을 자연적인 사건과 종교적인 사건으로 동시에 해석하는 인식론적 유형은 신약에서도 나타난다. 나사렛 예수의 이야기에는 여러 가지 애매한 점이 있다. 어느 사람은 예수를 정치에 관여하다가 예루살렘 종교계에 대항하게 되었으며 급기야는 그 대항에서 패배한 자칭 선지자로 본다. 그러나 성서의 저자들은 예수를 살아 있는 하느님의 아들이며 인류를 죄악으로부터 구원해 줄 하느님의 메시아로 본다. 예수를 하느님의 아들로 본다는 것은 바로 신앙을 갖는 일이며, 예수라는 인물을 아주 특수한 방향에서 (이 경우에는 신약 성서가 가르치는 대로) 경험하는 것이다.

VII

수필은 역설이다

Ⅶ. 수필은 역설이다

수필은 붓 가는 대로 쓰는 글이다. 이것 저것 생각나는 대로, 말의 흐름을 따라서, 쓰고픈 대로 쓰는 글이다. 그것은 어떤 사람이나 사상을 특별히 옹호하거나 비판하는 선전문이 아니며, 자신의 주장을 논리 정연하게 제시하는 논문이 아니며, 삶의 근본 문제를 다루는 시나 소설도 아니다. 그저 물결이 흐르는 대로 쓰는 글이다.

그러나 수필은 절대로 붓 가는 대로 쓰는 글이 아니다. 아름다운 형용사의 나열, 주관적인 내면의 시시한 이야기들, 유명한 사상가의 경구를 짜깁기한 글, 그런 것들은 절대로 수필이 될 수 없다. 아름답게 쓰기만 하면 수필이 될 수 있다는 생각은 마치 어렵게만 쓰면 철학 논문이 될 수 있다는 생각과 다름이 없다. 수필은 붓 가는 대로 쓰면서도 그 붓을 끌고 가는 '보이지 않는 손'의 지시를 받아야 한다.

수필은 자기 고백의 글이다. 그것은 '너'보다는 '나'의 이야기를 말하고, '우리'보다는 '나'에 대하여 더욱 높은 관심을 보인다. 이런 뜻에서 수필은 실존적이라고 말할 수 있다. 변화무상한 세계 속에서 구차하다면 구차하게 살고 있는 자아에 대한 냉철한 성찰을 은연중에 폭로시킬 수밖에 없는 글이다. 그리하여 수필은 간혹 내가 존재하지 않으면 이 세계가 존재하지 않는다는 극단적인 유심주의唯心主義에 빠질 수도 있다.

그러나 수필은 '한 사람'에 대한 글이 아니라 '여러 사람들'에 대한 글이다. 자아의 독백이 독백으로 끝나는 글은 마치 메아리 없는 산울림과 같아서 수필의 경지로 올라올 수 없다. 수필에 나오는 한 사람의 독백은 바로 다른 사람의 독백과 혼연일체가 되어야 한다. 수필의 독백은 다시 '대화의 독백'이 되어야 한다.

수필의 대상은 작은 것들과 적은 것들이다. 아무렇게나 흩어진 나뭇잎, 아무도 돌보지 않는 산길, 몇 년 만에 우연히 만져보는 인형, 이렇게 시시한 것들이 바로 수필의 대상이다. '인생이란 무엇인가'라고 시작하는 글은 수필이 될 수 없다. 그것은 숲을 본다는 미명 아래 나무를 보지 못하는 글일 뿐이다.

그러나 수필의 대상은 절대로 시시한 것들이 아니다. 수필의 올망졸망하고 쪼그만 것들은 언제나 큰 것, 위대한 사건, 웅장한 심포니, 거목과 같이 우뚝 솟은 사상들을 쉽게 표현하는 수단일 뿐이다. 그것은 나무를 보되 나무에 집착하지 않고 숲을 보려는 글이며, 달을 가리키는 손가락에 얽매이지 않고 달을 보려는 글이다.

수필은 아름다운 글이며 쉬운 글이다. 그것은 절대로 딱딱하지 않고 복잡하지 않아야 한다. 쓰기에 쉽고 읽기에 쉬워야 한다. 어려운 고전에 대한 필자의 해박한 지식을 과시하려는 글, 마치 삶을 완전히 해결한 양 큰소리치는 광신적인 종교인들의 글, 자신의 이데올로기를 교묘하게 선전하는 글, 이런 것들은 수필이 아니다. 수필은 완성의 글이 아니라 미완未完의 글이다.

그러나 수필의 내용은 절대로 쉬운 것이 아니다. 오히려 쉬운 것들을 통하여 어려운 것으로 인도하는 글이다. 그리하여 수필은 말 한 톨을 가지고 천하를 논할 수도 있으며, 겨자씨 한 알을 가지고 우주의 진리를 논할 수도 있다. 수필은 미완의 글이지만 언제나 완성을 지향하는 미완의 글이다.

수필은 붓 가는 대로 쓰는 글이면서도 붓 가는 대로만 놓아둘 수 없는 글이다. 수필은 한 사람의 고백인 동시에 모든 사람의 고백이 되는 글이다. 수필의 대상은 작으면서도 크고 적으면서도 거대하다. 그리고 수필은 쉬우면서도 쉽지 않고 단순하면서도 복잡하다. 하나를 보고 열을 말하는 글이다.

수필은 역설이다.

▒ 연보

•약력

– 키는 164센티. 몸무게는 64킬로. 텔레비전에서 나를 보아온 사람들은 내가 키가 훌쭉하게 큰 미남이 아니라 난쟁이 똥자루만한 나의 외모에 실망하기가 일쑤다. 가끔 텔레비전에서 볼 때마다 더 젊게 보인다고 말하는 사람들이 있지만, 나는 그것이 그저 나를 위로해 주려는 의도에서 나왔다는 사실을 알고 있다. 그러나 사람을 절대로 외모로 판단하지 말아야 한다는 것이 평소 신념이다.

– 아호는 우공又空이다. 원래 아호는 그 사람을 가장 잘 나타내는 것이거나 그 사람에게 꼭 필요한 부분을 나타내는 것으로 알고 있다. 우공은 '비우고 비우고 또 비운다'는 뜻이므로 나의 경우는 후자에 속한다. 〈나는 이런 사람입니다〉에서 말했듯이, 나는 오지랖이 넓은 호사가好事家며 욕심쟁이라 우선하고픈 욕망의 숫자를 줄이는 것이 절대로 필요하다고 생각하기 때문이다. 더구나 나는 이제 '하고픈 일'보다는 '할 수 있는 일'만 해야 되는 나이가 되지 않았는가!

젊은 시절에 나는 낙엽을 좋아해서 몇 년 고심 끝에'하나의 낙엽'을 뜻하는 황일엽黃一葉이라는 아호를 만들었는데, 나중에 김일엽 선사의 ≪청춘을 불사르고≫를 읽은 다음에는 그 아호에 대해 실망하기도 했다. 또한 동국대 목정배睦楨培 교수는 필공畢空이라는 아호를 액자에 써서 나에게 주기도 했으나, 이것은 선선의 최고 경지를 나타내는 것이라 나에게 너무 과분할 뿐만 아니라 나의 이름에 나오는 '필'弼자와 발음이 같아서 쓰지 않았다.

우공은 한문학자 성백효成百曉 선생님으로부터 받은 것인데, 내가 불교 전용어라고까지 할 수 있는 '공공'자를 아호로 갖게 된 것은 아마도 동국대학교 선생질 10년 동안의 가장 큰 수확이라고 할 수 있다.

나는 '선상인'이라는 가명도 가끔 쓰는데, 이것은 내가 학문과 생활、성聖과 속俗、종교와 철학、철학과 문학의 경계선에 있는 사람이라는 이화여대 소흥렬蘇興烈 교수의 언급에서 힌트를 얻은 것이다. 그러나 나는 선상인線上人을 그냥 한글로 쓰다. 이 외에도 나는 '떠돌이' 등 몇 개의 가명을 갖고 있다.

– 취미는 독서라고 하고 싶지만, 이것은 너무 시건방진 태도로 보인다. 젊은 시절에는 조깅과 테니스를 즐겼지만 요즘에는 등산을 사랑한다. 어진 사람仁者이 되기는커녕 아직 아는 사람知者도 되지 못한 주제지만.

내가 아직 '아는 사람'이 되지 못한 가장 중요한 이유는 내가 본질적으로 '묻는 사람'問者이기 때문이다. 나는 답변하기보다는 묻기를 좋아하고, 나와 의견이 다른 사람들에게는 계속 묻고 싶다. 묻는 일은 나의 평생 취미며, 아마도 나는 끝내 답변하는 사람이 아닌 묻는 사람으로 죽을 것이다. 1937년 9월 29일(음 8월 25일) 충북 괴산군 증평읍 중동 928에서 법학자인 황수성黃壽成과 평양신학교를 다닌 적이 있는 정순해(鄭順亥, 일명 元敬)의 1남 3녀 중 장남으로 태어났다. 원래 어머니는 기독교에 귀의하여 평생 독신으로 살려고 가출하여 만주까지 갔다가 우여곡절 끝에 결혼하게 되었다. 1943년 나는 당시 우리 가족이 살고 있던 만주 돈화를 떠나 조부(黃再龍)의 권유로 혼자 조선 땅에서 살고 있다가 증평초등학교에 입학했다. 그러나 한국말과 중국말밖에 모르던 나는 일본말을 강요하는 학교에서 매일 매를 맞았다. 1945년 해방이 되자 한글로 된 책을 마음대로 읽을 수 있던 나는 하루아침에 열등생에서 우등생이 되었다.

과부가 되어 만삭의 몸을 이끌고 조선으로 나온 어머니는 유복녀인 막내 동생을 낳았다. 1950년 6 · 25전쟁으로 그럭저럭 살만하던 집안이 완전히 풍비박산되었고, 그때부터 나는 신문팔이 · 찹쌀떡 장수 · 구두닦이 · 가정교사 신세로 전락했다. 한 때 둘째 동생은 고아원에서 살기도 했고, 우리 가족은 이북 따라지들이 모여 사는 모자원母子院에도 있었다. 분명히 우리는 따라지가 아님에도 불구하고.

1956년 청주중 · 고등학교를 졸업하고 서울대 문리과대학 종교학과에 입학했다. 고등학교 시절에는 공부보다 신앙 생활에 열중하여 신학성서를 거의 1백독 하기도 했다.

1959년 대학에 들어와서는 마로니에 공원에 있던 중앙 도서관을 제일 먼저 들어가서 제일 늦게 나오는 학생이 되려고 노력할 정도로 닥치는 대로 책을 읽었다. 그 과정에서 나는 키에르케고르를 나의 우상으로 작정했으며, 그래서 "나도 키에르케고르처럼 결혼하지 않겠다."는 독신주의를 선언하기도 했으며, 결국 나는 학사 학위 논문으로 〈기독교와 사회: 키에르케고르적 접근〉을 제출했다. 그러나 나는 3학년 2학기 등록금을 어느 창녀에게 바치고 자원 입대했다.

1961년 탈영과 15일간의 영창 생활로 얼룩진 학보병 졸짜 군대생활을 마치고 제대했다. 그러나 나는 4·19와 5·16이라는 역사적인 사건 때 군에 있으면서 현장에 없었다는 죄책감을 오랫동안 가지고 있었다.

1962년 목구멍이 포도청인 시절, 대학을 졸업하자마자 미군 부대에서 보석을 파는 고려수출(주)에 입사했다. 그 전에는 당시 개원한 Medical Center의 야간전화 교환원으로 일했다. 보석 반지를 다루면서 사람이나 보석은 가짜일수록 더욱 화려하다는 사실을 깨달았다.

1964년 기생 오라비로 살아야 하는 여행사(C.F. Sharp & Co.)에 입사하여 미군부대 지아이들에게 비행기표를 파는 '딱지 장사'를 시작했다.

1968년 한국광학(주)의 월남 지사장으로 '만족한 돼지'의 삶을 시작했는데, 당시 내가 어머니의 눈물을 뿌리치고 생명이 위태로운 월남행을 결행한 것은 돈을 벌기 위해서가 아니라 나의 삶에 너무나도 큰 자리를 차지하고 있는 어머니를 떠나 홀로서기를 하기 위한 것이었다.

1969년 PACEX EXCHANGE의 콘셉션 감독관으로 자리를 옮겨서 미국 정부의 종업원이 되었다(GS-7). 그러나 직속 상관과 된통 싸움을 하여 곧 쫓겨났다.

1970년 세한칼라(주)의 사이공 본부 영업부로 자리를 옮겼다. 그러나 한달간의 휴가를 받아 세계일주를 떠나서 연락도 없이 3개월 만에 서울에 도착했더니 벌써 모가지가 날아간 다음이었다.

1971년 다시 월남으로 들어가 Chu Lai 지역에서 보따리 장사 노릇을 하면서 거의 긁어 모을 정도로 돈을 벌었다. 포커 노름으로 한국에 있는 집을 날리기도 하였다.

1972년 4월 1일 강석환姜錫煥의 딸 인자仁子와 만난 지 20일 만에 약혼식도 없이 결혼식을 올렸는데, 독신주의자였던 나의 신념이 내가 미국에 정착하기 이전에 결혼을 해야 한다면서 벌써 몇 개월째 식음을 전폐한 어머니의 설득에 꺾인 것이었다. 전혀 모르는 여인과의 도둑 결혼식, 그것도 만우절날의 결혼식, 그날 나는 예식장 직원과 주먹을 치고받는 싸움을 했으며, 만우절 결혼의 소감을 묻는 어느 방송국 기자에게 "나중에 진짜로 다시 한 번 할 것입니다."라고 답변했으나, 아직도 그것을 실천하지 못하고 있으며, 아마도 영원히 못할 것이라고 추측한다.

1972년 4월 29일 신혼의 아내를 한국에 팽개치고 어머니만 모시고 미국으로 가서 첫째 여동생이 사는 뉴욕에 잠시 있다가 오클라호마 주에서 가장 큰 신문 사인 Daily Oklahoma/Oklahoma Times Valley 지국장으로 정착했는데, 이 도시는 외국인이라고는 나 하나밖에 없는 전형적인 보수적 바이블 벨트지역이었다.

1973년 2월 지금까지의 삶에 대한 구토증에 시달리다 못해 방향을 확 바꾸어 살기로 결심하여 오클라호마 대학교 철학과 대학원생이 되었는데, 사회생활을 시작하여 만 11년이 지난 다음이었다.

1973년 3월 26일 입학한 지 한 달도 되지 않아 나의 일생을 바꿔놓은 교통사고 당했다. 오클라호마와 달라스를 연결하는 35번 고속도로를 달리다가 나의 잘못으로 당한 것인데, 나중에 알고 보니 옆에 있던 어머니는 갈비뼈가 몇개 부러지고 나는 즉석에서 정신을 잃고 두 번의 대수술을 받은 지 3일 만에 깨어났다. 그때부터 나는 재수술을 받은 94년까지 11년 동안 오른쪽 허벅지에 5개의 플라스틱 핀을 품고 살았다.

1973년 6월 29일 아내가 미국으로 합류했으나 매일 부부싸움으로 밤을 지새웠다.

1975년 3월 〈아리스토텔레스와 퍼스에 있어서의 우연偶然의 문제〉라는 논문으로 오클라호마 대학교 철학과 석사학위를 받았다. 우연의 문제를 쓰게 된 동기는 "도대체 왜 나에게 이렇게 엄청난 사고가 발생했는가?"를 골똘히 생각하다가 혹시 이 세상에 아무런 원인도 없이 그냥 결과만 생산하는 순수한 우연(pure chance)이 있지 않을까 하는 생각에서 나왔다.

1975년 10월 13일 장남 우중(일명 폴)이 태어났다.

1978년 3월 덕성여대 교양학부 조교수로 취임했는데, 여기에는 서울대학교 종교학교 정진홍 교수의 도움이 컸다.

1978년 8월 〈맹자의 인성론에 대한 비판적인 고찰: 공자와 칸트를 중심으로 〉라는 논문으로 오클라호마 철학과에서 철학박사학위를받았다. 처음〈A Humanistic Interpretation of Marx〉라는 제목으로 쓰려고 했으나 여러 가지 이유로 포기했다.

1978~1979 서울대학교 종교학과, 이화여자대학교 기독교학과 강사로 일했다.

1979년 미국 NEH (National Endowment for Humanities) 특별 장학금을 받았다.

1979년 9월 18일 차남 세중(일명 피터)이 태어났다.

1980년 매년 여름 방학마다 공부한 결과로 세인트 존스 대학 교육학과에서 〈플라톤의 '공화국'에 있어서의 시詩의 문제〉라는 논문으로 석사학위를 받았다.

1981년 3월 동국대학교 철학과 교수로 자리를 옮겼다. 여기에는 여러 가지 이유가 있으나, 우선 불교를 옹골차게 공부하겠다는 것이 가장 중요한 동기였다.

1982년~현재까지 KBS TV의 〈세상 만사〉, 〈사랑방 중계〉, 〈여성 초대석〉, 〈아침마당〉 〈나의 사랑, 나의 가족〉, MBC TV의 〈현장 인터뷰, 그 사람〉, 〈용기 100배, 희망 100배〉, SBS TV의 〈사랑의 징검다리〉등에 출연하여 탤런트 교수가 되었다. 또 종교철학뿐만 아니라 여성철학 · 사회철학 등에 관여하여 호사가라는 별명을 얻었으며, 다른 한편으로는 수필과 수필 평론에 관심을 기울였다. 수필가로서의 나의 위치에 대하여는 ≪우리 수필 평론≫을 참고하기 바란다.

1990년 12월 20일 동국대학교를 떠나 야인이 되었다.

1991년 7월 1일 계간≪어느 철학자의 편지 ≫를 창간했다.

1993년 2월 22일 사단법인 '생활철학연구회'의 이사장으로 취임했다.

1994년 1월 교통사고 21년 만에 미국에서 5개의 핀 중에서 3개를 빼내고 Hip Joint를 갈아끼우는 고관절 수술을 받았다.

1994년 3월 31일 현대수필문학상을 받았다. 수필가로 정식 데뷔조차 하지 않은 철학자에게 준 최초(?)의 수필상이었다.

1996년 10월 30일 오후 3시 흥사단 강당에서 ≪문학 철학 산책≫과 ≪서양종교철학 산책≫의 출판을 기념하는 강연회를 가졌는데, 수필가 이정림 씨와 한림대 송상용 교수가 축하 강연을 해주었다. 이것은 번역본을 포함해서 30번째 저 · 역서를 기념하는 첫 번째 출판 기념회였다. 그동안 이런 행사를 한 번도 정식으로 갖지 않은 이유는, 우리 사회에서 유행하는 출판 기념회가 오히려 반反 문화행사라고 생각했기 때문이다.

1996년 9월 한국철학회 부설인 '논리논술 대학원'의 원장으로 추대되었다.

1997년 5월 17일 흥사단 강단에서 ≪우리 수필 평론≫과 ≪생활과 철학은 만날 수 있는가≫의 출판을 기념하는 강연회를 가졌는데, 서울대 김태길 명예교수 · 서울대 정진홍 교수 · 이화여대 소흥열 교수가 축하강연을 해주었다.

1997년 7월 1일 지난 1991년의 창간호부터 23호까지 한 번도 거르지 않고 발행했던 계간≪어느 철학자의 편지 ≫를 재정적자로 인해 폐간했다. 아마도 이것은 내 일생에서 가장 가슴 아픈 원한으로 남을 것이다. 그러나 나는 이 사건을 계기로 해서 '운동가'보다는 '학자'로 나의 삶을 마치기로 결심했다.

1997년 서울대학교 종교학과 총동창회장(임기 2년)으로 피선되었다.

1998년 2월 강남대학교 종교철학과의 전임교수로 임명됨으로써 동국대학교를 떠난지 7년만에 야인의 신세를 면했다.

1998년 11월 25일 강남대학교에서 편역서 ≪철학적 조각들 ≫(S, 키에르케고르 원저)의 출판을 기념하는 강연회를 가졌는데, 서울대 정진홍 교수와 강남대 최상욱 교수가 서평강연을 해주었다.

현재 –1990년부터 한국종교철학회장, 한국비교철학회장, 서울 YMCA위원, 수필 문우회 동인으로 있다.

–1993년부터 사단법인 생활철학 연구회의 이사 취임.

–월간≪우리 길벗≫편집인

–1999년 9월부터 한국종교학회 회장 피선

–강남대학교 종교철학과 교수

–2003 정년퇴임

•**저 서**

A,종교철학 시리즈

≪통일교의 종교철학≫생각하는 백성 2000

≪중국 종교철학 산책≫청년사 2001

≪종교철학 에세이≫철학과 현실사 2002

≪인문학 과학 에세이≫철학과 현실사 2002

≪한국 巫敎의 특성과 문제점≫집문당 2002

≪베단타 · 예수 · 간디≫ (s 프라바바난다) 강남대 2002

≪데이비드 흄의 철학≫(데이비드 흄 외) 철학과 현실사 (편저) 2003

≪종교변호학 · 종교학 · 종교철학≫철학과 현실사 2006

≪황필호, 달라이라마를 만나다≫운주사 2006

B,사회철학 시리즈

≪누가 최고 스타인가≫-대중 철학자가 본 한국의 대중 스타들- 여린문화 1994

≪생활과 철학은 만날 수 있는가≫ 종로서적 1996

≪모든 생활은 철학이다≫ 창해 1997

≪논술과 청소년 자살 그리고 지존파≫싱아출판사 2004

≪나도 아름답게 나이 들고 싶다≫시대의 창 2005

C,여성철학 시리즈

≪철학적 여성학; 꽃과 별의 만남을 위하여≫

종로서적 1986

≪산아제한과 낙태와 여성 해방≫(교황 바오로6세 외)

종로서적(편역) 1990

≪울고 있던 그녀가 어느새 주먹을 꼭 쥐네; KBS '여성 초대석'에 비친 한국 여성의 고민들≫범우사 1990

≪행복한 결혼을 위한 여성의 철학≫자음과 모음 2002

≪여성철학 개론≫ 철학과 현실사 2006

D,문학철학 시리즈

≪무학철학 산책≫집문당 1996

≪우리 수필 평론≫집문당 1997

≪영어로 배우는 인생≫도서출판 우공 2001

≪엔도 슈사쿠의 종교소설 읽기≫ 신아출판사 2002

≪한국 철학수필 평론≫신아출판사 2003

≪수필로 쓴 수필론≫수필과비평사 2007

≪문학철학 종교철학≫철학과 현실사 2008

≪생태수필이란 무엇인가≫ 수필과비평사 2008

E,여행철학 시리즈

≪벌거벗은 한국인; 황필호 세계일주 여행기≫공화출판사 1972

≪백두산 킬리만자로 설악산≫ 신아출판사 2000

≪여행철학을 위하여≫ 신아출판사 2004

F, 철학수필 시리즈

≪길 위에서≫종로서적 1984

≪삶이 무엇이냐고 묻는다면≫자유문학사 1991

≪모든 사랑은 첫사랑이다≫자유문학사 1987

≪사랑은 질투가 아니다≫자유문학사 1991

≪남자의 눈물 여자의 웃음≫샘터사 1989

≪나는 아니오라고 말하는 여자가 좋다≫풍경 1990

≪여자는 왜 결혼하는가≫풍경 1991

≪나는 뛰는 여자가 좋다≫풍경 1991

≪대학교수도 꼴찌를 한다≫풍경 1991

≪이런 철학으로 살고 싶다≫산호 1993

≪어느 철학자의 편지≫ 소프트 킹덤 (편저) 1998

≪삶이 내게 가르쳐준 것들≫자유문학사 (편역) 1998

≪철학이 있는 사람이 아름답다≫창해 1998

≪꽃과 별의 만남; 이것이 여성수필이다≫선우미디어 1999

≪네 마음속 풍경소리≫다미원 1999 (편저)

G, 자서전 시리즈

≪종교철학자도 암에 걸린다(제1권≫
신아출판사 2006

현대수필가 100인선 · 55
황필호 수필선

수필의 모든것

초판인쇄 | 2011년 5월 25일
초판발행 | 2011년 5월 31일

지은이 | 황 필 호
펴낸이 | 서 정 환
펴낸곳 | 좋은수필사

주 소 | 서울시 종로구 익선동 30-6
운현신화타워 빌딩 3층 305호
전 화 | 02)3675-5635, 063)275-4000
등 록 | 1984년 8월 17일 제28호
홈페이지 | http://www.shin-a.co.kr
e-mail | essay321@hanmail.net

값 7,000원

ISBN 978-89-5925-324-1 04810
ISBN 978-89-5925-247-3 (전 100권)